乡村振兴农民百事通系列　主编：何丞

乡村党务工作百事通

王喜凤　何　丞　编著

南方传媒　广东人民出版社
·广州·

图书在版编目（CIP）数据

乡村党务工作百事通 / 王喜凤，何丞编著．—广州：广东人民出版社，2023.6
（乡村振兴农民百事通系列）
ISBN 978-7-218-16476-2

Ⅰ.①乡… Ⅱ.①王… ②何… Ⅲ.①中国共产党—农村—基层组织—党的建设—研究 Ⅳ.①D267.2

中国国家版本馆 CIP 数据核字（2023）第 038605 号

XIANGCUN DANGWU GONGZUO BAISHITONG

乡村党务工作百事通

王喜凤　何　丞　编著

出 版 人： 肖风华

责任编辑： 卢雪华　李宜励

装帧设计：
插　　画： 广州六宇文化传播有限公司 Guangzhou Liuyu Culture Communication Co., Ltd.　谭志坚

责任技编： 吴彦斌　周星奎

出版发行： 广东人民出版社
地　　址： 广州市越秀区大沙头四马路 10 号（邮政编码：510199）
电　　话：（020）85716809（总编室）
传　　真：（020）83289585
网　　址： http://www.gdpph.com
印　　刷： 广东鹏腾宇文化创新有限公司
开　　本： 787mm × 1092mm　1/32
印　　张： 5.375　**字　　数：** 145 千
版　　次： 2023 年 6 月第 1 版
印　　次： 2023 年 6 月第 1 次印刷
定　　价： 28.00 元

如发现印装质量问题，影响阅读，请与出版社（020-85716849）联系调换。
售书热线：020-87716172

总　序

没有农业农村现代化，就没有整个国家现代化。党的二十大报告指出：“全面建设社会主义现代化国家，最艰巨最繁重的任务仍然在农村。”报告重申“坚持农业农村优先发展”，并首次明确提出“加快建设农业强国”。

那么如何加快建设农业强国，如何扎实推动乡村产业、人才、文化、生态、组织振兴呢？

2019 年，我们组织编写了《新时代乡村振兴百问百答丛书》。3 年来，丛书取得较好的社会效益与经济效益，经常有读者通过各种方式表示从这套书中获益。这让我们很受鼓舞。

时代在前进，我们实现了小康这个中华民族的千年梦想，打赢了人类历史上规模最大的脱贫攻坚战。当前，农民群众关心的急难愁盼问题也发生了变化。

据此，我们重新策划选题，按照“农民百事通”的角度重新编写了一套丛书，共有9本。争取贴近农民群众，贴近农村现实，做农民群众的贴心人。

实施乡村振兴战略，组织是保障。组织振兴是乡村振兴的“第一工程”，是新时代党领导农业农村工作的重大任务。为此，我们编写了《乡村党务工作百事通》。

乡村振兴的质量和成色，要靠“绿水青山”打底色。从生产到生活，离开了绿色，乡村就失去了本色。为此，我们编写了《乡村环境保护百事通》。

健全基本公共服务体系，提高农村公共服务水平，是扎实推进共同富裕的重要领域。为此，我们编写了《乡村公共服务百事通》。

产业兴旺是乡村振兴的重要基础，而就业是最基本的民生，外出务工仍然是农民增收的最主要渠道。为此，我们编写了《农民务工兴业百事通》。

党的二十大报告提出“坚持多劳多得，鼓励勤劳致富”“鼓励共同奋斗创造美好生活，不断实现人民对美好生活的向往”。生活富裕是广大农民群众的热切向往。为此，我们编写了《农民增收致富百事通》。

乡村振兴，法治要先行。畅通农民权益保障通道，有助于健全城乡社区治理体系。为此，我们编写了《农民权益保障百事通》。

人民健康是民族昌盛和国家强盛的重要标志。乡村要振兴，农民健康须先行。为此，我们编写了《农民卫生保健百事通》。

提升农民群众的防灾减灾意识，减轻、避免自然灾害造成人员伤亡和财产损失，有助于巩固脱贫攻坚成果，全面推进乡村振兴。灾害会让农村片瓦不留，诈骗同样会让农民倾家荡产。为此，我们编写了《农民遇险自救百事通》和《农民预防诈骗百事通》。

我们对编撰者的要求，第一，既然是百事通，那就要设置好“事情”，一定要是农民关心的焦点、难点、热点、痛点、痒点问题。

第二，语言上接地气，通俗易懂，我们要求团队里的教授、专家们放下架子，露出农民本色，就如同面对面回答农民关心的教育、养老、生老病死等问题，用大白话说清楚、讲明白。

第三，不做论文，不做教科书，我们不讲大话，不讲套话，内容实实在在，简单直白地告诉农民朋友怎么办、怎么干、怎么解决问题。

第四，将国家相关的惠农政策也翻译成大白话，让农民朋友知道这项国家政策有什么实实在在的好处。

第五，要有生动鲜活的案例，还要是农民身边的故事，可模仿，可借鉴，或者是引以为戒。

当然，知易行难，是否能达到我们预想的效果，请广大读者朋友检验。另外，鉴于水平有限，差错难免，欢迎批评指正。

丛书主编

2022 年 12 月

序

习近平总书记指出，农为邦本，本固邦宁，从中华民族伟大复兴战略全局看，民族要复兴，乡村必振兴。面对世界百年未有之大变局，稳住农业基本盘、守好“三农”基础是应变局、开新局的“压舱石”。全面建设社会主义现代化国家最艰巨最繁重的任务依然在农村，最广泛最深厚的基础依然在农村。同时，乡村振兴也是一个长期的历史性伟业，不是一朝一夕就能实现的，全面实施乡村振兴，其深度、广度和难度都是前所未有的。

广袤的乡村也是我党永久的根据地，办好农村的事情，实现乡村振兴，关键在党。基层乡村党建是各项工作的龙头，农村基层党组织和党员干部队伍建设事关全面实施乡村振兴战略的成败，事关产业兴旺、生态宜居、乡风文明、治理有效、生活富裕的总要求能否实现，关乎党的群众基础是否坚实牢固。因此，加强农村基层党建工作，是适应时代发展、满足群众期盼和巩固中国共产党执政地位的必然要求，具有重要的现实意义。

近年来，各地农村基层党组织建设不断加强，农村基层党建水平持续提升，农村基层党组织的领导地位不断巩固。但农村基层党组织建设仍存在薄弱环节，农村党员队伍老化问题严重，村党组织后继乏人，村级班子建设规范化、制度化程度不高等问题亟待解决，当前“三农”工作也对基层党员干部队伍提出了更高的要求。广大农村基层党员和党务工作者亟须进一步用习近平新时代中国特色社会主义思想和党的相关法规武装头脑、指导实践、推动工作。

本书紧扣农村基层党建这个主题，分“坚持党对农村工作的领导”“筑牢党的农村基层组织堡垒”“严格党的农村基层组织生活”“加强农村基层党员队伍建设”“做好新时期党的群众工作”及“党内公文写作”六个部分，系统概括党的农村基层党组织最常见、党务工作者最关心的热点问题，一件一件有针对性地讲清楚解决思路和办法，又选编了生动的案例，并适当地解释了“重要性、为什么、是什么”等理论问题。本书兼具指导性和实用性，对做好农村工作具有很好的参考作用，与此同时，也体现了作者对农村基层党务工作的长期关注。读后令人很受启发。

在语言风格上，本书上接天线、下接地气，兼顾党务工作的严谨性和针对农村基层实际工作的务实性。书中语言通俗易懂，朴实有趣，具有较强的可读性和吸引力，也体现了作者对于农村工作的用心、用情。

鉴于此，我乐于向广大农村基层党务工作者和党员推荐此书。当然，对于广大农村干部群众，阅读本书，也一定会大有裨益。

2022年12月

（胡国胜：华南师范大学马克思主义学院副院长、教授，广东党的建设研究院副院长，广东省科学社会主义学会副会长）

目　录

一　坚持党对农村工作的领导　/1

1. 党领导农村工作的总体要求和体制机制　/1

办好农村的事情，实现乡村振兴，关键在党　/1
党管农村工作的三方面总体要求　/3
党的农村工作必须遵循六项原则　/4
党领导农村工作的体制机制　/4

2. 坚持五级书记抓乡村振兴　/5

如何加强党对农村工作的领导　/5
什么是五级书记抓乡村振兴　/7
如何推动五级书记抓乡村振兴　/8
五级书记抓乡村振兴的主要任务　/9
【学习借鉴】浙江明确五级书记抓乡村振兴责任清单　/10

二　筑牢党的农村基层组织堡垒　/13

1. 党的农村基层组织及其设置　/13

什么是党的农村基层组织　/13
党的农村基层组织是党在农村全部工作和战斗力的基础　/14
党的农村基层组织的主要职责任务　/16
凡是农村的重要事项、重大问题都要由党组织研究讨论　/18
以问题为导向，加强和改进农村基层党组织建设　/19
党的农村基层组织设置的基本原则及任期　/20
乡镇党委和村党的支部委员会的设立组成　/22

2. 党的农村基层组织的选举和产生　/22

党的农村基层组织换届选举的基本程序　/22
召开党员大会进行换届选举的注意事项　/28
党组织换届选举大会的后续工作　/29
担任农村基层党组织领导有哪些要求和条件　/31
党员人数较多或者党员工作地、居住地比较分散的党支部应当划分若干党小组，并设立党小组组长　/32
党支部委员会如何设置　/35

3. 农村其他基层党组织 /38

流动党员较多的地方，应当成立流动党员党支部 /38
农村非公有制企业或其他经济社会组织如何建立党组织 /39
农村非公有制企业和其他社会组织党支部的主要任务 /40
处理好村级党组织与其他村级组织的关系 /41
【学习借鉴】湖北宣恩：加强基层党组织建设 锻造乡村振兴“主心骨” /42

三 严格党的农村基层组织生活 /47

1. 党的农村基层组织生活 /47

什么是党的农村基层组织生活 /47
村党支部如何严格党的组织生活 /48
受到党纪处分或者组织处理的党员如何参加组织生活 /50
如何处理长期不参加组织生活的农村党员 /50

2. “三会一课”制度 /51

“三会一课”是党的组织生活的一项基本制度 /51
如何开好党支部党员大会 /53

召开党支部委员会要注意什么 /54
如何开好党小组会 /55
党员领导干部如何上好党课 /56

3. 民主生活会和组织生活会 /57

民主生活会和组织生活会是党内组织生活的基本形式 /57
民主生活会和组织生活会的会前、会上和会后分别都有什么要求 /58
如何开好民主生活会和组织生活会 /59
开好民主生活会和组织生活会要注意抓好几个关键环节 /60

4. 民主评议党员制度 /63

民主评议党员制度是党支部定期组织党员开展民主评议的一种制度 /63
民主评议党员的重点事项 /64

5. 谈心谈话制度 /66

6. 主题党日活动 /67

【学习借鉴】河南内黄：共享书屋搭平台创新方式学党史 /68

四　加强农村基层党员队伍建设　/71

1. 发展农村党员　/71

必须切实保证党的农村基层组织新发展党员的质量　/71
党的农村基层组织发展党员应坚持的原则　/72
新形势下发展党员的基本程序　/74
是不是必须先入团再入党　/77
外出务工经商人员和自谋职业者如何申请入党　/78
农村基层党组织如何加强对流动党员的管理　/79
【学习借鉴】党员流动不流失　湖南蓝山探索流动党员管理新模式　/83

2. 农村党员监督和管理　/86

党员管理工作最根本的目的，就是用党章规定的党员标准规范党员的言行　/86
党支部进行党员管理主要有哪些内容　/87
加强党员管理应该从哪些方面着手　/88
党支部如何处置不合格党员　/90
党员违犯党的纪律，应当及时教育或者处理　/90
什么是违反中央八项规定精神　/91
农村党员干部有哪些常见的违反中央八项规定精神问题　/93
【学习借鉴】为村干部履职标底线画红线　/95

3. 农村党员教育 /97

扎实推进“两学一做”学习教育常态化制度化 /97
教育引导农村基层党员做到“四个合格” /99

4. 党费交纳 /100

党员如何交纳党费，党组织如何收缴和管理党费 /100
在农村务农的党员应按什么标准交纳党费 /101
流动党员外出期间应按什么标准交纳党费 /102
如何处理因故未交党费的党员 /103

五 做好新时期党的群众工作 /105

1. 保持党同人民群众的血肉联系 /105

乡村振兴工作中如何处理好干群关系 /105
完善制度，健全网络，构建党员服务群众的长效机制 /107
下到群众身边去，下到“田间地头”去 /109

2. 做好农民群众思想政治工作 /110

做好农民群众思想政治工作，激活乡村振兴主体的积极性和主观能动性 /110
做好农村思想政治工作应重点抓好的几个方面 /111

3. 处理好群众纠纷和农民上访 /113

农村党员干部调解村民纠纷的技巧 /113
党的信访工作的主要内容 /115
学会与农民群众沟通，预防和减少农民上访 /116
【学习借鉴】甘肃酒泉“四个讲堂” 激发农村党员新活力 /118

六 规范党内公文写作 /121

党组织向上级党组织请示的事项 /121
党组织应当向上级党组织报告哪些事项 /122
党组织应当按照有关规定向上级党组织报备哪些事项 /124
向上级党组织请示事项的写法 /124
【范例】关于召开党员大会进行党支部换届选举的请示 /125
上级党组织批复的写法 /126
【范例】关于同意××同志预备党员按期转正的批复 /127
组织鉴定的写法 /128
【范例】关于××同志的组织鉴定 /129
党纪处分决定的写法 /131
【范例】中共××县××街道工作委员会关于给予刘××同志留党察看一年处分的决定 /132

党的委员会工作报告 /134
【范例】中共 ×× 镇委员会工作报告 /135
发展党员公示 /139
【范例】发展党员公示书 /140
入党介绍人意见 /141
【范例】第一介绍人意见 /142
【范例】第二介绍人意见 /142
支部大会通过接收申请人为预备党员的决议 /143
【范例】支部大会通过接收申请人为预备党员的决议 /144
支部大会通过预备党员转为正式党员的决议 /145
【范例】党支部大会关于吸收 ×× 同志为中共预备党员的决议 /146
入党志愿书中上级党组织对申请人入党的意见和谈话情况 /147
【范例】上级党组织入党谈话人意见 /148
接收预备党员的审批意见 /149
【范例】党委审批意见 /150
支部大会通过延长预备党员预备期的决议 /150
【范例】关于延长 ×× 同志预备期的决议 /151
支部大会通过取消预备党员资格的决议 /151
【范例】关于取消 ×× 同志预备党员资格的决议 /152

后记 /153

一　坚持党对农村工作的领导

1. 党领导农村工作的总体要求和体制机制

办好农村的事情，实现乡村振兴，关键在党

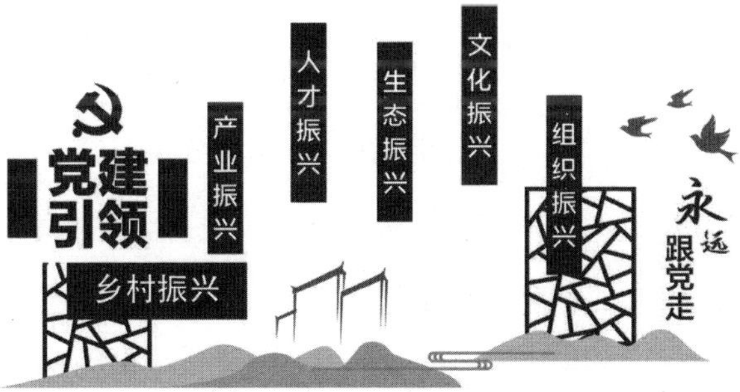

习近平总书记强调，办好农村的事情，实现乡村振兴，关键

在党。深入实施乡村振兴战略，必须加强和改善党对“三农”工作的集中统一领导，充分发挥党把方向、谋大局、定政策、促改革的主心骨作用，提高党全面领导新时代“三农”工作的能力和水平。

习近平总书记指出，党管农村工作是我们的传统，这个传统不能丢。新民主主义革命时期，我们党领导中国人民走出了一条农村包围城市的革命道路，亿万农民翻身得解放，中国人民从此站了起来。社会主义革命和建设时期，我们党领导农民开展互助合作，发展集体经济，大兴农田水利，大办农村教育和合作医疗，极大改变了农村贫穷落后的面貌。改革开放以来，我们党领导农民率先在农村发起改革，推行家庭联产承包责任制，兴办乡镇企业，鼓励农民进城务工，统筹城乡经济社会发展，农业农村发生了翻天覆地的变化。党的十八大以来，以习近平同志为核心的党中央坚持把解决好“三农”问题作为全党工作的重中之重，不断加强和改善党对“三农”工作的领导，加快推进农业现代化，加快建设美丽宜居乡村，全面深化农村改革，深入推进城乡发展一体化，农业农村发展取得了历史性成就、发生了历史性变革。

在革命、建设、改革各个历史时期，我们党都把解决好“三农”问题作为关系党和国家事业全局的根本性问题，始终牢牢掌握党对农村工作的领导权。2019年9月，中共中央印发了《中国共产党农村工作条例》，对坚持和加强党对农村工作的全面领导作出了系统规定，是新时代党管农村工作的总依据。该条例的出台，有助于落实加强党对农村工作的全面领导，从制度机制上把加强党的领导落实到“三农”各个方面、各个环节，确保党始终总揽全局、协调各方，有助于巩固党在农村的执政基础，并更好地把党集中统一领导的政治优势转化为重农强农、推动乡村振兴的行动优势。

党管农村工作的三方面总体要求

《中国共产党农村工作条例》明确了党的农村工作的指导思想、基本方针。一是深入贯彻习近平总书记关于“三农”工作的重要论述。习近平总书记关于“三农”工作的重要论述是我们党“三农”理论创新的重要成果，是做好新时代党的农村工作的行动指南和基本遵循。二是强化目标导向和问题导向。党的农村工作的落脚点，是实现“两个一百年”奋斗目标，让广大农民群众过上更加美好的生活。围绕这个目标，要以实施乡村振兴战略为总抓手，加快推进乡村治理体系和治理能力现代化，加快推进农业农村现代化。针对当前城乡发展不平衡、乡村发展不充分的问题，要坚持把解决好“三农”问题作为全党工作的重中之重，坚持农业农村优先发展，坚持多予少取放活，推动城乡融合发展。三是坚持继承和创新相结合。党的十八大以来，党的农村工作有许多重大的理论创新、制度创新、实践创新。既要坚持党领导农村改革发展的宝贵经验，也要充分吸收党的农村工作最新成果，特别是紧密结合实施乡村振兴战略、打赢脱贫攻坚战等重大决策部署，推动农村工作在创新中不断发展。

党的农村工作必须遵循六项原则

《中国共产党农村工作条例》结合党管农村工作的长期实践经验，把握新时代农村工作规律，提出党的农村工作必须遵循六项原则：一是坚持党对农村工作的全面领导，确保党在农村工作中总揽全局、协调各方，保证农村改革发展沿着正确的方向前进；二是坚持以人民为中心，尊重农民主体地位和首创精神，切实保障农民物质利益和民主权利，把农民拥护不拥护、支持不支持作为制定党的农村政策的依据；三是坚持巩固和完善农村基本经营制度，夯实党的农村政策基石；四是坚持走中国特色社会主义乡村振兴道路，推进乡村产业振兴、人才振兴、文化振兴、生态振兴、组织振兴；五是坚持教育引导农民听党话、感党恩、跟党走，把农民群众紧紧团结在党的周围，筑牢党在农村的执政基础；六是坚持一切从实际出发，分类指导、循序渐进，不搞强迫命令、不刮风、不一刀切。

党领导农村工作的体制机制

完善党领导农村工作的体制机制，是强化各级党委对农村工作领导责任、把党管农村要求落到实处的根本举措。《中国共产党农村工作条例》，一是明确了中央统筹、省负总责、市县乡抓落实的农村工作领导体制，构建了职责清晰、分工负责、合力推进的责任体系。二是明确了党中央和省市县级党委领导农村工作的主要任务。三是明确了农村工作领导小组的设置和职责。党中央设立中央农村工作领导小组，发挥农村工作牵头抓总、统筹协调等作用，对党中央负责，向党中央和总书记请示报告工作。省市县级党委也应当设立农村工作领导小组，省市级一般由同级党委副书记任组长，县级由县委书记任组长。四是明确了党委农村工作部门的职能，包括决策参谋、统筹协调、政策指导、推动落实、督导检查等。

2. 坚持五级书记抓乡村振兴

如何加强党对农村工作的领导

加强党对“三农”工作的全面领导，是新时期做好“三农”工作的根本保证，加强党对农村工作的领导主要通过以下几个方面：

第一，用习近平总书记“三农”思想武装头脑。习近平“三农”思想是我们党“三农”工作理论创新的最新成果，是习近平新时代中国特色社会主义思想的重要组成部分，是新时代做好“三农”工作、实施乡村振兴战略的强大思想武器。加强党对乡村振兴的集中统一领导，首先就要在党的农村基层干部中开展习近平“三农”思想大学习，并用理论指导实践、推动工作。

第二，必须做到“两个维护”。在党的基层组织中严肃党的政治纪律和政治规矩，促使广大农村基层党员干部牢固树立“四个意识”，坚决做到“两个维护”，在思想上高度认同，在政治上坚决维护，在组织上自觉服从，在行动上紧紧跟随。

第三，充分发挥党的政治优势和制度优势。建立实施乡村振兴战略领导责任制，实行中央统筹、省负总责、市县抓落实的工作机制。强化五级书记抓乡村振兴的工作机制，县委书记要下大气力抓好“三农”工作，当好乡村振兴“一线总指挥”。党委主要领导要真抓“三农”，善抓“三农”，把农业农村工作摆到优先位置。

第四，充分发挥基层党组织优势。上面千条线，下面一根针，农村工作千头万绪，发挥好基层党组织优势是关键。基层党组织是落实党的政策、带领农民致富、密切联系群众、维护农村稳定的坚强领导核心。所以，必须要在选优配强村党组织带头人上下功夫，切实建强农村基层党组织，利用基层党组织战斗堡垒优势，通过党建汇集力量，激发活力，切实加强党对“三农”工作的全面领导。

第五，充分发挥人才优势。实现乡村振兴，关键要素是人。一方面要打造一支政治过硬、本领过硬、作风过硬，致力于服务“三农”的基层干部队伍，为推动农业农村优先发展、实现乡村振兴提供坚强的组织和人才保障，确保让党的涉农政策在农村真正落地，使党和农民群众始终保持血肉联系；另一方面要激活乡村现有人才活力，主动依靠农民，激发广大农民群众的积极性、主动性、创造性，吸引各类人才投身到建设美丽乡村的行列中来。

什么是五级书记抓乡村振兴

《中国共产党农村工作条例》指出，党的农村工作实行中央统筹、省负总责、市县乡抓落实的农村工作领导体制。中共中央总书记、国家主席习近平强调把实施乡村振兴战略摆在优先位置，坚持五级书记抓乡村振兴，让乡村振兴成为全党全社会的共同行动。五级书记抓乡村振兴也就是省市县乡村五级书记都要抓乡村振兴工作。强调五级书记抓乡村振兴，体现党中央对乡村振兴工作的重视。中央有关文件强调，实行中央统筹、省负总责、市县乡抓落实的农村工作机制，落实省市县乡村五级书记抓乡村振兴责任，严格督查考核。近年来，各省（自治区、直辖市）党委结合本地实际，对市县党政领导班子和领导干部推进乡村振兴战略的实绩进行考核，并加强考核结果应用。

如何推动五级书记抓乡村振兴

第一，规划先行，分类推进。习近平总书记指出要坚持以实干促振兴，遵循乡村发展规律，规划先行，分类推进，加大投入，扎实苦干，推动乡村振兴不断取得新成效。实施乡村振兴规划，要突破传统村镇结构，重新架构规划体系，进行系统的规划编制。以国家战略为引导，以市场需求为依托，基于乡村本身的基础及发展特征，在城镇规划体系基础上，构建既区别于城市，又与城市相互衔接、相互融合的乡村规划新体系。

第二，明确任务，层层落实。《中共中央　国务院关于做好2022年全面推进乡村振兴重点工作的意见》提出完善党的农村工作领导体制机制，非常明确地指出了谁来领导、谁来负责、谁来落实等问题。在从省到村这五级中，省市主要抓统筹，抓规划，抓政策引领；实施主要是在县乡村三级，县乡不能光发发文件就行了，必须落在操作层面，关键是怎么去做，把规划落实。

第三，强化两头，优化中间。一头是中央，建议设立中央农村工作部或赋予中央农村工作领导小组办公室更大职权，强化对国务院涉农部门的统筹协调，保障资源要素支持和制度供给，防止本位主义、推诿扯皮；一头是县里，县委书记是乡村振兴“一线总指挥”，但现实中县委书记主要精力往往用在抓工业园区、抓招商引资上。中间是省市两级，建议把省市农委（办）设置为党委工作部门，实现有机构、有人员、有编制、有权威。总之，只有建立健全农村工作领导体制，落实党的“三农”政策才有组织保障和有力抓手。

第四，选拔干部，实绩考核。乡村振兴战略的实施是一个复杂的系统工程，涉及面广，工作量大，落实任务重，考核任务也重。要加强乡村统计工作和数据的开发应用，建立市县党政领导班子和领导干部推进乡村振兴战略的实绩考核制度，将考核结果作为选拔任用领导干部的重要依据。

五级书记抓乡村振兴的主要任务

习近平总书记指出，要坚持乡村全面振兴，抓重点、补短板、强弱项，实现乡村产业振兴、人才振兴、文化振兴、生态振兴、组织振兴，推动农业全面升级、农村全面进步、农民全面发展。

在推动乡村产业振兴方面，要推进农业供给侧结构性改革，调整优化农业结构，加快构建现代农业产业体系、生产体系、经营体系，推进农业由增产导向转向提质导向，提高农业质量、效益。紧紧围绕农村第一、第二、第三产业融合发展，构建乡村产业体系，促进农民增收致富，推动乡村生活富裕。

在推动乡村人才振兴方面，说到底乡村振兴是亿万农民自己的事业。要坚持以当地农民、本土人才为主体，同时也要加快培育新型农业经营主体，让愿意留在乡村、建设家乡的人留得安心，让愿意上山下乡、回报乡村的人更有信心，让那些从国内外引进的贤人更有奔头。

在推动乡村文化振兴方面，要以社会主义核心价值观为引领，深入挖掘优秀传统农耕文化蕴含的思想观念、人文精神、道德规范，将其最大限度地融入乡村振兴中，使之在新时代的文明框架里，在现代和传统的交融中吐出新的“芳华”。改善农民精神风貌，提高乡村社会文明程度，焕发乡村文明新气象。

在推动乡村生态振兴方面，要坚持绿色发展，加强农村突出环境问题综合治理，推进农村“厕所革命”，完善农村生活设施，打造农民安居乐业的美丽家园，让良好生态成为乡村振兴的支撑点。

在推动乡村组织振兴方面，要打造千千万万个坚强的农村基层党组织，培养千千万万名优秀的农村基层党组织书记，深化村民自治实践，发展农民合作经济组织，建立健全党委领导、政府负责、社会协同、公众参与、法治保障的现代乡村社会治理体制，确保乡村社会充满活力、安定有序。

学习借鉴

浙江明确五级书记抓乡村振兴责任清单

《中共中央　国务院关于做好2022年全面推进乡

村振兴重点工作的意见》提出，要制定乡村振兴责任制实施办法，明确中央和国家机关各部门推进乡村振兴责任，强化五级书记抓乡村振兴责任。2022年3月，为落实相关精神，中共浙江省委农办印发了《浙江省落实五级书记抓乡村振兴责任清单（试行）》，明确五级书记抓乡村振兴责任清单，构建可量化、能定责、可追责的完整体系。

文件把强化“三农”统筹协调放在重要位置，强调各级书记要落实乡村振兴政治责任。五级书记中，县（市、区）委书记是抓乡村振兴的关键一层。浙江提出，县（市、区）委书记要发挥县（市、区）党委常委会“一线指挥部”作用，开展专题研究，召开县委农村工作领导小组会议，切实加强对乡村振兴工作的组织领导和统筹谋划。

浙江要求各级第一责任人“脚沾泥土”。设区市市委书记必须落实党政领导干部联系乡村振兴联系点制度，带头定点联系1个以上涉农乡镇（街道）或行政村，任期内走遍辖区所有乡镇（街道）；县（市、区）委书记每年要把2/3以上的调研时间用于农村工作，任期内走遍辖区所有村（社区）；乡镇（街道）党（工）委书记要在年度内走遍辖区所有自然小组；村党组织书记要在年度内走遍辖区所有农户。

浙江还首次提出，将组织各级书记抓乡村振兴、基层党建工作述职评议。述职评议内容的质量，取决于各级书记有没有深入基层，开展乡村振兴调查研究，并结合基层实际创新破题。

二　筑牢党的农村基层组织堡垒

1. 党的农村基层组织及其设置

什么是党的农村基层组织

党的二十大新修订的《中国共产党章程》把党的组织分为三种类型，即党的中央组织、党的地方组织和党的基层组织。党的

基层组织是指在社会基层单位设立的基层委员会、总支部委员会和党支部，还包括经党代会选举产生的党的纪律检查委员会。《中国共产党章程》第三十条规定：企业、农村、机关、学校、科研院所、街道社区、社会组织、人民解放军连队和其他基层单位，凡是有正式党员三人以上的，都应当成立党的基层组织。

根据《中国共产党农村基层组织工作条例》，党的农村基层组织包括乡镇党的委员会和村党组织（村指行政村），是党在农村全部工作和战斗力的基础，全面领导乡镇、村的各类组织和各项工作。

党的农村基层组织是党在农村全部工作和战斗力的基础

根据《中国共产党章程》和《中国共产党农村基层组织工作条例》等相关规定，党的农村基层组织是党在农村全部工作和战斗力的基础，是乡镇、村各类组织和各项工作的领导核心，是党联系广大农民群众的桥梁和纽带，是贯彻党的路线方针政策的组织者、推动者和实践者。其地位作用具体体现在如下几个方面：

首先，党的基层组织是党的组织基础，是党最丰富和最可利用的组织资源。我们的党正是通过设立党的基层组织，把每一个党员编入党的一个基层组织，使党的基层组织置于党的中央组织和各级地方组织的统一领导之下，从而保证党作为一个统一整体而存在，保证党具有统一意志、统一行动，保证党的凝聚力和战斗力。

其次，党的基层组织是开展党的活动的基本单位。每一个党员，不论职务高低、党龄长短，都要在党的一个基层组织中生活和工作，接受党的基层组织的教育、管理和监督。每一个党员既要通过党的基层组织，把党的意见和建议传达给党的上级组织，又要通过党的基层组织，了解和领会党的上级组织的指示和精神。

再次，党的基层组织是党联系人民群众的桥梁和纽带。党的基层组织建立在社会基层单位，与人民群众有着直接的、经常的、密切的联系，能够直接倾听群众的呼声，掌握群众的思想脉搏，了解群众的情绪，熟知群众的生产、工作和生活状况。因此，党的上级组织和领导机关要依靠党的基层组织来了解群众的愿望和要求，并把此作为决策的客观依据，群众也要靠党的基层组织来了解党的路线、方针、政策，从而在党的基层组织的领导下，集中广大人民群众的智慧和力量，推进社会主义现代化事业的发展。

最后，党的基层组织是实现党的领导的重要条件。党要实现自己的领导，首要的是正确制定和执行路线、方针、政策。而路线、方针、政策正确与否，唯一的检验标准是看其是否符合广大人民群众的利益和要求。所以，党必须要倾听人民群众的呼声。而要把党的路线、方针、政策宣传到群众中去，转化为群众的实际行动，就要实现党对人民群众的领导，就必须发挥党的基层组织这一独特优势。

党的农村基层组织的主要职责任务

（1）乡镇党的基层组织的主要职责

《中国共产党农村基层组织工作条例》第九条规定，乡镇党委的主要职责：一是宣传和贯彻执行党的路线方针政策和党中央、上级党组织及本乡镇党员代表大会（党员大会）的决议。二是讨论和决定本乡镇经济建设、政治建设、文化建设、社会建设、生态文明建设和党的建设以及乡村振兴中的重大问题。需由乡镇政权机关或者集体经济组织决定的重要事项，经乡镇党委研究讨论后，由乡镇政权机关或者集体经济组织依照法律和有关规定作出决定。三是领导乡镇政权机关、群团组织和其他各类组织，加强指导和规范，支持和保证这些机关和组织依照国家法律法规以及各自章程履行职责。四是加强乡镇党委自身建设和村党组织建设，以及其他隶属乡镇党委的党组织建设，抓好发展党员工作，加强党员队伍建设。维护和执行党的纪律，监督党员干部和其他任何工作人员严格遵守国家法律法规。五是按照干部管理权限，负责对干部的教育、培训、选拔、考核和监督工作。协助管理上级有关部门驻乡镇单位的干部。做好人才服务和引进工作。六是领导本乡镇的基层治理，加强社会主义民主法治建设和精神文明建设，加强社会治安综合治理，做好生态环保、美丽乡村建设、民生保障、脱贫致富、民族宗教等工作。

（2）村党的基层组织的主要职责

《中国共产党农村基层组织工作条例》第十条规定，村党组织的主要职责：一是宣传和贯彻执行党的路线方针政策和党中央、上级党组织及本村党员大会（党员代表大会）的决议。二是讨论和决定本村经济建设、政治建设、文化建设、社会建设、生态文明建设和党的建设以及乡村振兴中的重要问题并及时向乡镇党委报告。需由村民委员会提请村民会议、村民代表会议决定的事情或者集体经济组织决定的重要事项，经村党组织研究讨论后，由村民会议、村民代表会议或者集体经济组织依照法律和有关规定作出决定。三是领导和推进村级民主选举、民主决策、民主管理、民主监督，推进农村基层协商，支持和保障村民依法开展自治活动。领导村民委员会以及村务监督委员会、村集体经济组织、群团组织和其他经济组织、社会组织，加强指导和规范，支持和保证这些组织依照国家法律法规以及各自章程履行职责。四是加强村党组织自身建设，严格组织生活，对党员进行教育、管理、监督和服务。负责对要求入党的积极分子进行教育和培养，做好发展党员工作。维护和执行党的纪律。加强对村、组干部和经济组织、社会组织负责人的教育、管理和监督，培养村级后备力量。做好本村招才引智等工作。五是组织群众、宣传群众、凝聚群众、服务群众，经常了解群众的批评和意见，维护群众正当权利和利益，加强对群众的教育引导，做好群众思想政治工作。六是领导本村的社会治理，做好本村的社会主义精神文明建设、法治宣传教育、社会治安综合治理、生态环保、美丽村庄建设、民生保障、脱贫致富、民族宗教等工作。

凡是农村的重要事项、重大问题都要由党组织研究讨论

全国128万个农村基层党组织、3500万名农村党员，广泛分布在乡村大地，构成了严密的组织体系，具有团结带领亿万农民创造美好幸福生活的强大组织力。党的十八大以来，以习近平同志为核心的党中央高度重视党的农村基层组织建设，推动各级党组织认真落实党要管党、全面从严治党要求，大抓农村党支部，建强战斗堡垒，取得明显成效。当前推动新时代乡村全面振兴，必须把农村基层党组织建设摆在更加突出的位置来抓，充分发挥党组织战斗堡垒作用和党员先锋模范作用，为农村改革发展稳定提供坚强的政治和组织保证。

必须坚持农村基层党组织领导地位不动摇。这是坚持和加强党的全面领导的内在要求，也是实现农村经济社会健康发展的根本保证。《中国共产党农村基层组织工作条例》把坚持和加强农村基层党组织领导作为一条红线贯穿始终，明确规定乡镇党委和村党组织全面领导乡镇、村的各类组织和各项工作，凡是农村的重要事项、重大问题都要由党组织研究讨论，实行“四议两公开”等。按照《中国共产党农村基层组织工作条例》要求，既要在思想上不动摇不含糊，又要在实践中找路径找办法，进一步健全组织体系，完善制度机制，采取管用措施，确保农村基层党组织的领导具体地而不是抽象地、实在地而不是空泛地落到实处。

党的基层组织是政治组织，是农村各种组织和各项工作的领导核心。加强和改进农村基层党组织建设，不断增强其创造力、凝聚力、战斗力，既是党的建设新的伟大工程的重要内容，也是推动乡村振兴的重大举措。近年来，各地高度重视农村基层党组织建设，不断健全工作体系、夯实工作基础、创新工作方式、加大保障力度，推动农村基层党建水平持续提升，强化了基层党组织的领导核心地位。但农村基层党组织建设仍存在薄弱环节。如有的村党组织软弱涣散；有的村党员队伍老化问题严重，村党组织后继乏人，村干部能力水平有待提升。

以问题为导向，加强和改进农村基层党组织建设

无论农村社会结构如何变化，无论各类经济社会组织如何发育成长，农村基层党组织的领导地位不能动摇、战斗堡垒作用不能削弱。要以问题为导向，进一步加强和改进农村基层党组织建设。一要严格落实农村基层党建工作责任制，强化各级党委抓农村基层党组织建设的责任担当。二要以提升组织力为重点，全面强化农村基层党组织的领导核心地位。三要拓宽选人用人渠道，

选好配强基层党组织书记队伍，解决队伍年龄老化、后继乏人和宗族势力、内部人控制问题。四要完善监督制约机制，着力解决基层权力约束不力、用权失范问题。五要持续整顿软弱涣散村党组织，深入开展扫黑除恶专项斗争。严格规范村“两委”换届选举，从源头上坚决防止“村霸”和涉黑涉恶等人员进入村“两委”干部队伍。六要深入推进集体产权制度改革，发展壮大集体经济，夯实党在农村执政的经济基础。

党的农村基层组织设置的基本原则及任期

（1）农村基层党组织设置的基本原则

《中国共产党农村基层组织工作条例》对党的农村基层组织的设置、隶属关系和设置的基本原则提出了明确要求，基本内容如下：

第一，乡镇应当设立党的基层委员会。乡镇党委每届任期5年，由党员大会或者党员代表大会选举产生。

第二，以村为基本单元设置党组织。有正式党员3人以上的村，应当成立党支部；不足3人的，可以与邻近村联合成立党支部。党员人数超过50人的村，或者党员人数虽不足50人但因工作需要的村，可以成立党的总支部。党员人数100人以上的村，根据工作需要，经县级地方党委批准，可以成立党的基层委员会，下设若干党支部；村党的委员会受乡镇党委领导。

第三，村党的委员会、总支部委员会、支部委员会每届任期5年，由党员大会选举产生。党员人数500人以上的村党的委员会，经乡镇党委批准，可以由党员代表大会选举产生。

第四，县以上有关部门驻乡镇的单位，应当根据党员人数和工作需要成立党的基层组织。这些党组织，除党中央另有规定的以外，受乡镇党委领导。

第五，农村经济组织、社会组织具备单独成立党组织条件的，根据工作需要，可以成立党组织，一般由所在村党组织或乡镇党委领导。在跨村跨乡镇的经济组织、社会组织中成立的党组织，由批准其成立的上级党组织或县级党委组织部门确定隶属关系。

第六，村改社区应当同步调整或者成立党组织。村及以下成立或者撤销党组织，必须经乡镇党委或者以上党组织批准。

（2）党的农村基层组织任期

《中国共产党章程》规定："党的基层委员会、总支部委员会、支部委员会每届任期三年至五年。"中共中央办公厅印发的《关于党的基层组织任期的意见》明确规定，党的基层委员会每届任期一般为5年，党的总支部委员会、支部委员会每届任期一般为3年，其中，村和社区党的委员会、总支部委员会、支部委员会每届任期为5年。乡镇党委每届任期5年。党的基层组织任期届满按期进行换届选举。如需延期或提前进行换届选举，应报上级党的委员会批准，延长或提前期限一般不超过1年。

乡镇党委和村党的支部委员会的设立组成

乡镇党委一般设委员7～9名，其中，书记1名，副书记2～3名，应当设组织委员、宣传委员，纪委书记由党委委员兼任。党委委员按照乡镇领导职务配备，应当进行合理分工，保证各项工作有人负责。

村党的支部委员会一般设委员3～5名，其中，书记1名，必要时可以设副书记1名；正式党员不足7人的支部，不设支部委员会。村党的总支部委员会一般设委员5～7名，其中，书记1名，副书记1名，纪检委员1名。村党的委员会一般设委员5～7名，最多不超过9名，其中，书记1名，副书记1～2名，纪委书记1名。

2. 党的农村基层组织的选举和产生

党的农村基层组织换届选举的基本程序

根据《中国共产党农村基层组织选举工作条例》，党的基层组织换届程序大体如下：

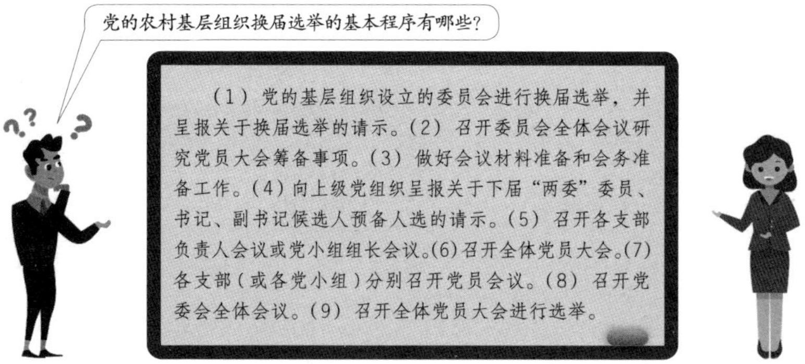

第一，党的基层组织设立的委员会进行换届选举，并呈报关于换届选举的请示。

在党的基层组织任期届满之前（至少提前1～2个月），召开委员会全体会议研究召开党员大会（或党员代表大会）进行换届选举的有关事宜，包括是否按期进行换届选举，确定召开党员大会的时间、指导思想、主要议程；下届党的委员会（纪律检查委员会）委员、书记、副书记名额及提名和选举产生办法等。会后，党的委员会应向上级党组织呈报关于召开党员大会进行换届选举的请示（党的支部委员会进行换届选举，可由支部委员会负责人向上级党组织汇报支部委员会酝酿讨论情况）。

第二，召开委员会全体会议研究党员大会筹备事项。召开党员大会进行换届选举的请示经过上级党组织批准以后，即可召开委员会全体会议，研究召开党员大会的筹备事项，包括对党员进行宣传教育；组织酝酿和推荐下届委员会委员、书记、副书记候选人预备人选；起草委员会的工作报告，党费收缴、使用和管理情况的报告等文件。党的基层组织设立的委员会领导成员对各项筹备工作实行分工负责。党的基层委员会要在这次全体会议上确定下届委员会（纪律检查委员会）委员名额、构成原则、委员候选人条件、委员候选人酝酿提名办法和下届委员会（纪律检查委员会）书记、副书记的名额及条件后，组织所述党组织进行酝酿推荐，根据多数党组织的意见提出委员候选人初步人选，并对候选人初步人选进行考察（书记、副书记候选人初步人选报上级党组织进行考察）。

党的总支部委员会、支部委员会要在这次会议上确定下届党的总支部委员会、支部委员会的名额、构成原则、委员候选人条件、委员候选人酝酿提名办法后，组织全体党员酝酿推荐，并根据多数党员意见提出候选人初步人选名单，并对候选人初步人选进行考察（书记、副书记候选人初步人选报上级党组织进行考察）。

第三，做好会议材料准备和会务准备工作。需准备的会议材料主要有：党委、纪委工作报告，党费收缴、使用和管理情况的报告，大会选举办法，组织选举的主持词，下届党委、纪委委员候选人预备人选名单及情况介绍，下届党委、纪委书记、副书记候选人预备人选名单，党委、纪委一次全会选举办法，有关会议的主持词，选票、计票统计表，计票结果报告单，等等。

需做好的会务准备工作主要有：编制大会所需的经费预算，制作有关佩条，准备选举用品，布置会场，联系邀请上级党组织领导，等等。在准备过程中，委员会主要负责同志要加强检查督促，注意协调好各方面工作，坚持重大问题集体讨论决定，并注意经常与上级党组织沟通情况。

第四，向上级党组织呈报关于下届“两委”委员、书记、副书记候选人预备人选的请示。党的基层委员会要召开委员会全体会议，根据对下届委员会委员（纪律检查委员会委员）候选人初步人选的考察结果确定下届委员会委员（纪律检查委员会委员）候选人预备人选，并提出书记、副书记候选人预备人选，报上级党组织审批。党的总支部委员会、支部委员会也要召开委员会全体会议，根据支部或党小组对下届党的总支部委员会、支部委员会候选人初步人选的酝酿中多数党员意见确定候选人预备人选，报上级党组织审批。党的基层委员会、总支部委员会、支部会员会在这次会议上还可以审议通过委员会的工作报告及党费收缴、使用和管理情况的报告等文件。

第五，召开各支部负责人会议或党小组组长会议。收到上级党组织对下届委员会（纪律检查委员会）委员候选人预备人选请示的批复后，委员会即可召开各支部负责人或各党小组组长会议。会议的主要内容是：介绍工作情况，确定党员大会日程、召开时间和地点；就如何开好大会向党员提出要求；确定召开大会的其他有关事项。

会后即可向所属党组织或全体党员发出通知。通知的内容一般包括召开党员大会的时间、地点、会期、主要议题、基本要求等。外出党员比较多的基层组织，应将党员大会安排在党员比较集中的时间召开，发通知的时间一般应提前一些。在通知中可明确要求所属党组织采取切实可行的措施，保证所有能参加会议的党员都参加会议。召开党员大会的通知，一般应以书面的形式，特殊情况也可口头通知。

第六，召开全体党员大会。会议议程包括：宣布党员大会开会；唱（奏）《国际歌》；委员会负责同志作工作报告（纪委的工作报告也可以书面提交）。时间允许，还可以作党费收缴、使用和管理情况的报告。

第七，各支部（或各党小组）分别召开党员会议。（党员人数较少的，此项内容可与全体党员大会一并进行）。

主要议程是：审议党委工作报告，纪委工作报告，党费收缴、使用和管理情况的报告；酝酿委员候选人建议名单；讨论大会选举办法（草案）；推选监票人；讨论关于“两委”工作报告的决议（草案）。

党的基层委员会（总支部委员会或支部委员会）应将报经上级党的委员会原则同意的新一届党的委员会（纪律检查委员会）组成人员候选人预备人选名单，提交党员大会酝酿讨论，根据多数党员意见确定候选人，并印制选票，提交党员大会选举（包括预选）。

在酝酿候选人建议名单中，党组织应将候选人的简历、工作实绩和主要优缺点向选举人作出实事求是的介绍，对选举人提出的询问作出负责的答复；一般还要组织候选人与选举人见面，由候选人作自我介绍，回答选举人提出的问题。

党员人数很少的党支部，也可以不提名候选人，在全体党员充分酝酿的基础上，召开党员大会直接选举。

党员大会审议党费收缴、使用和管理情况的报告的做法一般是：党的委员会组织部门（或总支部委员会、支部委员会组织委员）提出党费收缴、使用和管理情况的报告，经党的委员会讨论通过，可以书面报告形式提请党员大会审议，也可由党的委员会组织部门负责同志（或总支部委员会、支部委员会组织委员）向党员大会报告，接受审议。党员大会可分组或以党支部为讨论单位进行审议。

第八，召开党委会全体会议。

主要议程是：听取审议党委工作报告、纪委工作报告及党费收缴、使用和管理情况的报告的情况汇报，研究提出修改意见，听取大会选举办法（草案）、下届委员会候选人建议名单讨论情况的汇报，确定候选人名单；审议通过监票人、计票人名单；讨论通过关于上届党委、纪委工作报告的决议（草案）。

第九，召开全体党员大会进行选举。

召开党员大会进行选举，一般有以下程序：

①清点到会人数。大会主持人向大会报告应参加大会的党员人数和实参加大会的党员人数。到会的有选举权的党员人数超过应到会人数的五分之四，即可进行选举。

②通过选举办法。

③通过监票人，宣布计票人。

④宣布下届党的委员会（纪律检查委员会）委员名额和候选人名单。

⑤ 监票人当场检查票箱，计票人分发选票。大会主持人说明填写选票注意事项。

⑥ 选举人填写选票，并按指定顺序投票。

⑦ 监票人、计票人清点选票，确认选举是否有效。

⑧ 计票人在监票人的监督下计票。

⑨ 报告被选举人的得票情况。进行预选的，由监票人向大会主持人报告；进行正式选举的，由监票人向大会报告，并由大会主持人向大会宣布当选人名单。

召开党员大会进行选举，由上届委员会主持；不设委员会的党支部进行选举，由上届支部书记主持。

在党员大会上一般还要表决通过有关决议，包括党的委员会（纪律检查委员会）报告的决议及其他有关重大问题的决议。

召开党员大会进行换届选举的注意事项

党员大会是指党的基层委员会、总支部委员会或支部委员会召集的，由基层组织全体党员参加的会议。根据《中国共产党基层组织选举工作条例》及有关规定：党员人数不足500名，或者超过500名但驻地比较集中，又便于召开党员大会的基层组织进行换届选举，一般应召开党员大会进行直接选举。

实际工作中，召开党员大会选举应当注意如下事项：

①有选举权的到会人数超过应到会人数的五分之四，会议有效。

②介绍候选人基本情况和工作实绩，提请会议讨论并答复有关询问。

③唱票、计票、监票等工作人员由党员提名或支委会建议均可。

④工作人员核对无误后，主持人宣布分发选票，说明填写注意事项。

⑤因故请假应视为缺席，不得委托他人代为选举投票。

⑥工作人员、主持人、到会党员依次投票，不设流动票箱。

⑦开箱取出的选票少于或等于分发选票，选举有效，即可唱票、计票。

⑧报告每个被选举人得票数，并按得票多少的顺序排列，宣布当选人名单。宣布名单时请新当选的同志同党员见面，并说明当选名单须报请上级党组织批准后生效。

⑨选举结束后，工作人员将选票清点密封交新一届支委会存档，未经上级党组织批准不得启封。

党组织换届选举大会的后续工作

第一，新当选的委员会委员召开会议进行分工。党的委员会第一次全体会议的选举，是党的委员会换届选举工作的重要组成部分。党员大会或党员代表大会选出新的委员会后，应及时召开党的委员会第一次全体会议，完成以下两项任务：一是选举书记、副书记，并协商确定其他委员的分工。设立常务委员会的基层党委，应首先选举产生常务委员会委员，再从当选的常务委员会委员中选举产生书记、副书记。二是设纪律检查委员会的基层党委要在党的委员会第一次全体会议上通过党的纪律检查委员会第一次全体会议产生的书记、副书记。

党的委员会第一次全体会议的一般程序包括：一是清点到会人数，确认是否可以进行选举；二是讨论并通过选举办法；三是党的委员会负责同志作关于新一届党的委员会书记、副书记候选人预备人选名单的说明（设立常务委员会的，还应就常务委员会委员候选人预备人选名单作出说明）；四是酝酿讨论候选人预备人选名单，根据多数委员的意见确定候选人名单；五是推选监票人，指定计票人；六是监票人当场检查票箱，计票人分发选票，主持人说明填写选票的注意事项；七是填写选票、投票；八是清点选票，确认选举是否有效；九是计票人在监票人监督下进行计票；十是监票人向会议报告选举结果，主持人宣布当选人名单；十一是通过党的委员会的有关决议；十二是新当选的党的委员会书记讲话。

第二，报告上级党组织。换届选举大会结束后，新选出的委员会应及时将选举情况书面报告上一级党委审批。报告内容：召开党员大会（或党员代表大会）的时间，实有党员数和到会党员数（其中正式党员和预备党员各多少人），选举方式，当选的委员名单和得票数，选出的书记、副书记名单和委员分工情况。

第三，接到上级党组织批复后应及时召开会议向党员宣布。

第四，材料存档。选举结束后，工作人员将换届有关文件和选票清点密封交新一届委员会归入档案保存。

担任农村基层党组织领导有哪些要求和条件

《中国共产党农村基层组织工作条例》第二十五条规定：乡镇党委领导班子应当由信念坚定、为民服务、勤政务实、敢于担当、清正廉洁，善于结合实际开展工作的党员干部组成。乡镇党委书记还应当具备一定的理论和政策水平，坚持依法办事，具有较强的组织协调能力、群众工作能力、处理农村复杂问题的能力，熟悉党务工作和“三农”工作，带头实干、敢抓敢管。注重从优秀村党组织书记、选调生、大学生村官、乡镇事业编制人员中选拔乡镇领导干部，从优秀村党组织书记中考录乡镇公务员、招聘乡镇事业编制人员。重视发现培养选拔优秀年轻干部、女干部和少数民族干部。

第二十六条规定：村党组织领导班子应当由思想政治素质好、道德品行好、带富能力强、协调能力强，公道正派、廉洁自律，热心为群众服务的党员组成。村党组织书记还应当具备一定的政策水平，坚持依法办事，善于做群众工作，甘于奉献、敢闯敢拼。村党组织书记应当注重从本村致富能手、外出务工经商返乡人员、本乡本土大学毕业生、退役军人中的党员培养选拔。每个村应当储备村级后备力量。村党组织书记由县级党委组织部门备案管理。根据工作需要，上级党组织可以向村党组织选派第一书记。

党员人数较多或者党员工作地、居住地比较分散的党支部应当划分若干党小组，并设立党小组组长

（1）党小组的划分

《中国共产党支部工作条例（试行）》第十三条规定：党员人数较多或者党员工作地、居住地比较分散的党支部，按照便于组织开展活动原则，应当划分若干党小组，并设立党小组组长。

实际工作中，农村党支部在划分党小组时，应根据本支部党员的数量、分布、工作需要等情况综合考虑。一般以农村中的村民小组或自然村等为单位进行划分。一个支部所划分的党小组不宜过多。每个党小组不得少于3名党员。党小组不是党的一级组织，不需要对有关问题进行表决，因此不需要每个党员都有表决权，至少有1名正式党员即可。如果一个单位中党员不足3人，可同党员较少、工作性质相近、联系方便的行政、生产组织的党员合编在一个党小组内。有的支部党员人数较少，党员的工作岗位比较集中，活动比较方便，也可以不再划分党小组。同时，还要根据形势的发展变化，及时建立或调整党小组。

（2）党小组的任务

党小组是支部的组成部分，不是党的一级组织，是在党支部领导下对党员进行管理的一种组织形式。建立党小组须由支部委员会研究决定，不必报请上级党组织批准。但是，支部委员会应将本支部党小组的组建情况报告上级党组织。

党小组的主要任务包括：一是开展党小组组织生活。尽可能固定活动时间和活动地点，并在每次活动前，把活动的内容通知给党员，使党员事先有所准备。二是联系群众。在农村，要建立党员联系户或联系组的制度。要规定联系的具体任务，并要经常监督检查。三是对党员的日常教育管理。除召开党小组的组织生活会外，还要以各种形式组织党员学习政治理论、党的基本知识和文化科学知识。党员要定期汇报思想和工作。对外出党员，要了解他们外出的情况，建立定期汇报的制度。要坚持表扬和批评，对党员为群众做好事等方面的情况，要有了解和记载。四是做好群众思想政治工作。要用各种形式对群众进行经常性的思想政治工作。

（3）党小组组长的产生、职责和任期

党小组组长的主要职责有：按照党支部要求，组织党员学习，做好党员的思想工作，向本小组的党员布置任务，并负责督促检

查；定期召集并开好党小组会，严格党的组织生活；了解党员的思想、工作和生活等方面的情况，经常向党支部反映党员的意见、建议和要求；组织党员做好群众工作，及时反映群众的情绪和要求；培养入党积极分子，协助支部做好发展党员工作；按时收缴党费。

党小组组长由党支部指定，也可以由所在党小组党员推荐产生。任期一般和党支部委员会任期相同，可在改选支部委员会的同时改选党小组组长。由于预备党员正处在党组织的教育和考察的过程中，没有选举权、被选举权和表决权，又由于预备党员对党的基本知识和党的组织程序还不很熟悉，所以预备党员不能担任党小组组长。

（4）农村党支部如何指导帮助党小组开展工作

农村党支部抓好党小组的建设是抓基层党组织建设的重要方面。党支部主要应从以下五个方面加强对党小组的指导帮助：一是及时向党小组组长传达上级党组织的指示和决议；二是围绕党的中心工作，定期向党小组组长布置任务，提出具体要求，以保证各项工作的完成；三是经常听取党小组组长的工作汇报，帮助他们解决工作中遇到的困难；四是定期总结交流党小组的工作经验，搞好对党小组组长的培训，不断提高他们的思想水平和工作能力；五是指导、帮助党小组组长安排好党小组的活动。

党支部委员会如何设置

《中国共产党支部工作条例（试行）》第二十条规定：有正式党员7人以上的党支部，应当设立党支部委员会。党支部委员会由3～5人组成，一般不超过7人。党支部委员会设书记和组织委员、宣传委员、纪检委员等，必要时可以设1名副书记。正式党员不足7人的党支部，设1名书记，必要时可以设1名副书记。

实际工作中，党支部委员会一般设组织委员、宣传委员、纪律检查委员等。根据工作需要，还可设群工委员、统战委员、保卫（密）委员。委员少的，可以兼任。有的委员如工作上不需要，也可以不设。

党支部书记是党支部的主要负责人，在党支部委员会的集体领导下，按照党员大会、支部委员会的决议，负责党支部的日常工作。其主要职责是：负责召集支部党员大会和支部委员会，传达贯彻上级党组织的指示、决议。检查支部工作计划、决议的执行情况，按时向支部委员会、支部党员大会和上级党组织报告工作。掌握党员和群众的思想、工作和学习等方面的情况，有针对性地做好思想政治工作。经常与支部委员、村民委员会负责人沟通情况，支持他们的工作。参与讨论和决定本单位的重要事项。充分调动各方面的积极性，保证各项生产任务的完成。抓好党支部的自身建设。组织好支部委员的学习，按时召开民主生活会，发挥支部委员会的集体领导作用。

书记不在时，由副书记主持党支部的日常工作。

组织委员在支部委员会的集体领导下，负责支部的组织工作。主要职责有：了解和掌握支部的组织状况，根据实际情况，提出党小组的划分和调整意见，检查和督促党小组过好组织生活。了解和掌握党员的思想状况，协助宣传委员、纪检委员对党员进行思想教育和纪律教育，搜集和整理党员的先进模范事迹，及时向支部委员会提出表扬和激励党员的建议。负责做好发展党员工作。及时了解和掌握要求入党的积极分子的情况，并负责对积极分子的培养、教育和考察。按照发展党员工作的指导方针，制订切实可行的发展党员工作计划。具体办理接收新党员和预备党员转正的手续。做好党员的管理工作，如转接党员组织关系、党费的收缴与管理、定期完成党员统计工作、党员登记和鉴定等。另外，不设纪检委员的党支部，有关纪律方面的工作，一般也由组织委员负责。

宣传委员在支部委员会的集体领导下，分管宣传工作。主要职责有：了解掌握党员和群众的思想状况，提出宣传教育工作意见，拟定学习计划和建议。组织党员认真学习党的行动指南，学习党的基本路线和党的基本知识，学习时事政治以及完成上级布置的学习任务，组织党课学习，做好思想政治工作。围绕支部的中心工作，开展多种形式的宣传鼓动工作和主题教育活动。指导本单位的群众学习科技文化知识，组织开展丰富多彩的文化体育活动等。搞好党报党刊的通讯报道和发行工作，办好本单位的宣传阵地。

纪检委员在支部委员会的集体领导下，分管纪检工作。主要职责有：负责党的作风建设，经常对党员进行党规、党法和党纪教育，防止和纠正党内不正之风。经常对党员进行纪律监督，检查党员执行上级指示要求，遵守党的纪律的情况，对党员违纪问题及时组织调查，提出处理意见。负责受理党员和群众的来信来访，党员的申诉和控告，及时向支部和上级纪检部门汇报，保障党员的民主权利。考察了解受处分党员改正错误的情况，对他们进行有效的帮助和教育工作。

群工委员在支部委员会的集体领导下，分管工会、共青团、妇联等群众组织的工作。主要职责有：关心、指导群众组织开展工作，帮助他们建立、健全各项规章制度。积极帮助群众组织学习业务，总结工作经验，不断提高他们的工作水平和活动能力。经常了解群众工作的情况，发现问题并积极帮助解决。帮助群众组织做好教育和发展工作，指导群众组织做好“推优”工作。

保卫（密）委员在支部委员会的集体领导下，负责支部的保卫（密）工作。主要职责是：及时了解本单位人员的思想变化，分析研究发生泄密事故的规律性，做好防范工作。协助行政部门严格执行有关保密的各项规章制度，堵塞漏洞，保证安全。及时了解党员及群众的思想状况，做好保密防范工作。发生政治、刑事案件及时报告，保护现场，并在保卫、公安部门的指导下查清案情。

统战委员在支部委员会的集体领导下，负责党支部的统战工作。其主要职责是：对党员进行党的统战政策教育，提高党员做好统战工作的积极性和自觉性。经常与统战对象保持联系，倾听他们的意见和要求，经常了解统战对象的政治思想、工作表现、业务能力等情况，帮助他们解决工作以及学习、生活中的实际问题，做好对他们的推荐、培养、选拔和使用工作。抓好统战政策的落实，经常向支部委员会和上级党组织汇报本支部统战工作的情况。

3. 农村其他基层党组织

流动党员较多的地方，应当成立流动党员党支部

《中国共产党支部工作条例（试行）》第五条规定：流动党员较多，工作地或者居住地相对固定集中，应当由流出地党组织协商流入地党组织，依托园区、商会、行业协会、驻外地办事机构等成立流动党员党支部。

《中国共产党支部工作条例（试行）》第十条规定，流动党员党支部的主要职责是：组织流动党员开展政治学习，过好组织生活，进行民主评议，引导党员履行党员义务，行使党员权利，充分发挥作用。对组织关系不在本党支部的流动党员民主评议等情况，应当通报其组织关系所在党支部。

农村非公有制企业或其他经济社会组织如何建立党组织

《中国共产党支部工作条例（试行）》第六条规定：党支部的成立，一般由基层单位提出申请，所在乡镇（街道）或者单位基层党委召开会议研究决定并批复，批复时间一般不超过1个月。基层党委审批同意后，基层单位召开党员大会选举产生党支部委员会或者不设委员会的党支部书记、副书记。批复和选举结果由基层党委报上级党委组织部门备案。根据工作需要，上级党委可以直接作出在基层单位成立党支部的决定。

根据《中国共产党章程》以及关于加强非公有制企业党建工作的政策、文件精神，实际工作中，农村非公有制企业或者其他依法设立的经济社会组织组织建立党组织的程序如下：一是企业向乡镇党委或主管部门党委提出成立基层党组织的书面请示。请示内容包括企业的基本情况，党员人数及建立党组织的要求（包括组织形式、领导成员职数）等。同时，提交书面申请时还需要提供企业的工商、税务复印件并加盖公章，证明单位经商和完税情况。二是上级党组织审核批复相关事项。乡镇党委审核书面申请材料，并上报党委组织部门审批。党委组织部门审批后，乡镇党委行文批复组建党组织有关事项，并指导企业做好建立党组织的有关工作。三是企业成立基层党组织筹备小组，负责组建党组织的各项筹备工作，制定党支部选举实施方案，报乡镇党委备案，并于选举前一周通知乡镇党委。四是召开会议进行选举。五是向上级报告选举情况。六是上级批复后，开始工作，履行职责。

农村非公有制企业和其他社会组织党支部的主要任务

《中国共产党农村基层组织工作条例》第七条规定：农村经济组织、社会组织具备单独成立党组织条件的，根据工作需要，可以成立党组织，一般由所在村党组织或者乡镇党委领导。在跨村跨乡镇的经济组织、社会组织中成立的党组织，由批准其成立的上级党组织或者县级党委组织部门确定隶属关系。由此可见，只要具备条件和工作需要，农村非公有制企业和其他经济社会组织都可以成立党组织。根据党章以及关于加强非公有制企业党建工作的政策文件精神，凡有正式党员3人以上的非公有制企业，条件成熟的，都应当单独建立党的基层组织。《中国共产党支部工作条例（试行）》第五条规定：规模较大、跨区域的农民专业合作组织，专业市场、商业街区、商务楼宇等，符合条件的，应当成立党支部。正式党员不足3人的单位，应当按照地域相邻、行业相近、规模适当、便于管理的原则，成立联合党支部。联合党支部覆盖单位一般不超过5个。

处理好村级党组织与其他村级组织的关系

根据《中国共产党农村基层组织工作条例》关于村党组织的主要职责的规定，村党组织要领导村民委员会以及村务监督委员会、村集体经济组织、群团组织和其他经济组织、社会组织，加强指导和规范，支持和保证这些组织依照国家法律法规以及各自章程履行职责。

根据有关文件精神，村民委员会要履行好基层群众性自治组织职能，增强村民自我管理、自我教育、自我服务能力。村务监督委员会要发挥在村务决策和公开、财产管理、工程项目建设、惠农政策措施落实等事项上的监督作用。要强化集体经济组织服务功能，发挥在管理集体资产、合理开发集体资源、服务集体成员等方面的作用。发挥农村社会组织在服务农民、树立新风等方面的积极作用。

学习借鉴

湖北宣恩：加强基层党组织建设 锻造乡村振兴“主心骨”

据共产党员网2022年1月4日报道，湖北宣恩持续优化党的组织体系建设，不断加强基层组织、基础工作、基本能力建设，稳步推进村（社区）“两委”换届、党建引领乡村治理等重点工作，推动基层党组织全面进步、全面过硬。

建强组织体系，夯实基础“根基”。一是优化村组布局。采取“168”工作法积极稳妥优化行政村布局，倒排工期挂图作战，行政村由276个合并至147个。二是配强乡村头雁。逐乡镇核定“两委”干部职数，有序推进合并村临时党组织向实体党组织过渡，落实“五个一批”措施，整顿软弱涣散党组织26个，招引回乡能人169名，调整村党组织书记24人，推选“兵书记”31人。三是规范支部建设。探索建立农村党组织规范化、标准化指标体系，稳步推进村民小组调整工作，打破原有行政村组织壁垒、地域界限，采取“上提下分”方式将党员人数较多的党支部升格为党总支，在自然村或管理网格设立党支部或党小组，构建“党委一党支部（总支）一党小组”三级组织体系。

锻造硬核队伍，选育基层“骨干”。一是选派乡村振兴“尖刀班”。强化驻村工作队和第一书记选派管理，选派驻村工作队156个425人，优选147名在职党员干部担任第一书记。出台《宣恩县乡村振兴“尖刀班”管理办法》，落实非财政供养“尖刀班”成员生活和安全保障，推动考核评优向一线倾斜。二是育强乡村振兴“领头羊”。实施农村基层党员干部能力提升工程，选派30余名村（社区）党组织书记赴武汉市青山区、江汉区跟班学习。常态化组织“书记论坛”活动125场次，拓展“委员论坛议热点”“第一书记话振兴”“两新书记晒发展”等平台。三是筑牢乡村振兴“防火墙”。创新“党建+农村警务”模式，全面实施乡村振兴“村警工程”，以147个行政村和9个易迁安置社区为基数选聘驻村辅警，形成警力全覆盖、工作无缝隙、服务零距离、管理无漏洞的乡村治理新格局。

健全体制机制，激活治理“末梢”。一是健全村“两委”运行机制。加强村党组织书记专职化管理，实行村“两委”成员专责化管理，同时完善党务村务民主决策机制，健全村务监督委员会运行机制，全面落实“四议两公开”制度。二是推进党员教育“十百千万”计划。建好用活乡镇党校“主阵地”，建设一批系统化培训阵地，打造两支专业化培训团队，完善三个常态化培训机制，聚焦四类基准化培训要素，创设五个多元化培训课堂。三是完善易地扶贫搬迁社区组织体系。设置9个基本社区单元，探索“1+6+N”多元共治模式，形成“社区党组织 + 网格员 + 楼栋长 + 易迁居民”的社区组织架构。

落实工作保障，筑牢发展“底盘”。一是发展壮大新型村级集体经济。统筹扶持资金550万元，采取股份制合作方式，与县属国有企业湖北萨玛长潭旅游开发有限公司共同出资建设伍家台茶旅融合产业发展项目。全面推进2019—2020年度集体经济扶持项目，实现收益98.28万元。二是持续加大村级运转保障力度。健全以财政投入为主的稳定的村级组织运转经费保障机制，统筹以村为主体实施的农村公共基础设施运行维护、建立长效管护机制方面的资金及治安维稳、公共卫生、环境保护、社会保险、社会保障等开支，确保村级事务必要支出经费5万元 /（年・村）。三是不断拓宽农村干部成长渠道。加大从村干部中招录乡镇公务员、事业单位工作人员的力度，用足用活社区安置、企业分流、推荐招考等政策途径，从村主职干部中招录公务员4人、村副职干部招录1人，从村干部中定向招录事业单位人员8人，推动32名撤并村干部参与到乡村振兴工作一线。

三　严格党的农村基层组织生活

1. 党的农村基层组织生活

什么是党的农村基层组织生活

“党的组织生活” 主要指由党支部委员会或党小组组织召开的，以上党课、学习党内文件、汇报思想、总结报告工作等为主要内容的活动或会议，以及支部委员会或党小组召开的组织生活会和党员领导干部单独召开的党内民主生活会。

《中国共产党支部工作条例（试行）》第十五条规定：党支部应当严格执行党的组织生活制度，经常、认真、严肃地开展批评和自我批评，增强党内政治生活的政治性、时代性、原则性、战斗性。

根据《中国共产党农村基层组织工作条例》规定，党的农村基层组织应当严格党的组织生活，要坚持“三会一课”制度，村党组织应当以党支部为单位，每月相对固定1天开展主题党日，组织党员学习党的文件、上党课，开展民主议事、志愿服务等，突出党性锻炼，防止表面化、形式化。党员领导干部应当定期为基层党员讲党课。党支部应当经常开展谈心谈话。

严格党的组织生活，党的农村基层组织应当组织党员认真学习和忠实践行习近平新时代中国特色社会主义思想，推进“两学一做”学习教育常态化、制度化，教育引导广大农村党员自觉用习近平新时代中国特色社会主义思想武装头脑。认真开展党内主题教育活动，学习党的基本理论、基本路线、基本方略，学习形势政策、科学文化、市场经济、党内法规和国家法律法规等知识。

严格党的组织生活，党的农村基层组织要全面落实“三会一课”、主题党日、谈心谈话、民主评议党员、党员联系农户等制度。加强党内激励关怀帮扶，定期走访慰问农村老党员、生活困难党员，帮助他们解决实际困难。稳妥有序开展不合格党员组织处置工作。加大在青年农民、外出务工人员、妇女中发展党员力度。建立农村党员定期培训制度。

村党支部如何严格党的组织生活

严格党的组织生活，是按照从严治党的方针，加强对党员的教育、管理、监督和服务，保持党组织的先进性，充分发挥党员的先锋模范作用，加强对党员日常管理的主要途径。实际工作中，村党支部应从以下几个方面做好工作：

第一，落实组织。每个党员，不论职务高低，都必须编入党的一个支部、小组，接受党组织的教育管理和监督，不允许党员游离于党组织之外，特别是党员在流动中要防止出现“无组织”的现象。

第二，加强教育。教育使每个党员懂得按时参加党的组织生活，是接受党组织的教育管理和监督，不断增强党性，做合格的共产党员的重要途径，从而提高参加党的组织生活的自觉性。

第三，健全制度。每个党组织都必须建立健全党的组织生活的各项制度，如“三会一课”制度（即定期召开支部党员大会、支部委员会、党小组会和定期上党课）、民主生活会制度、民主评议党员制度等，并不断改进和完善，使党的组织生活制度化、规范化。

第四，注重效果。支部委员会要经常对组织生活内容进行研究，不断改进组织生活的形式和丰富组织生活的内容，要坚持组织生活内容的思想性、政治性和原则性，防止把严肃的组织生活会变成传小道、议领导、发牢骚的场所。

第五，做好督查。支部委员会对组织生活的形式、内容不仅要精心策划，而且要对党员参加组织生活的情况加强督促和检查，发现党员无故不参加组织生活，要及时给予批评教育。上级党组织要注意总结和推广组织生活的好经验。

受到党纪处分或者组织处理的党员如何参加组织生活

根据《中国共产党章程》等相关规定，因违犯党纪受到党内警告、严重警告、撤销党内职务、留党察看处分的党员，以及在民主评议党员中受到限期改正处置的党员，均和其他党员一样参加党的组织生活，接受党组织的教育和监督。被开除党籍、劝告退党、除名或者被取消预备党员资格的人，在上级党组织批准前，一般仍可参加党的组织生活。但如果其问题十分严重，则应立即停止其组织生活。

如何处理长期不参加组织生活的农村党员

由于外出务工人员增多，个别党员经常在外地工作、经商，每次组织活动，他都要请假，说是业务上很忙，赶不回来，所以长期不参加支部组织的活动。类似这种问题该如何处理？

《中国共产党章程》第九条规定：“党员如果没有正当理由，连续六个月不参加党的组织生活，或不交纳党费，或不做党所分配的工作，就被认为是自行脱党。支部大会应当决定把这样的党员除名，并报上级党组织批准。”每个党员，包括担任领导职务的党员，如无特殊原因不参加组织生活，应进行批评教育；如长期不过组织生活，应按上述规定处理。需要注意的是，支部大会在开会讨论决定把这样的党员除名后，应及时报上级党组织批准。

2.“三会一课”制度

“三会一课”是党的组织生活的一项基本制度

《中国共产党支部工作条例（试行）》第十六条规定：党支部应当组织党员按期参加党员大会、党小组会和上党课，定期召开党支部委员会会议。“三会一课”应当突出政治学习和教育，突出党性锻炼，以“两学一做”为主要内容，结合党员思想和工作实际，确定主题和具体方式，做到形式多样、氛围庄重。

“三会一课”是党的组织生活的一项基本制度，是党组织对党员实施教育和监督的最经常、最基本的形式，是加强党的基层组织建设的重要措施。

党自成立以来，始终高度重视党内组织生活，并结合党在各个时期的不同历史使命，探索形成了以定期召开支部大会、支部委员会、党小组会、按时上好党课等“三会一课”为内容的党内组织生活经常性教育机制，为保持党的先进性和纯洁性发挥了重要作用。

首先，“三会一课”制度是中国共产党的优良传统。早在新民主主义革命时期就确立了“三会一课”制度；社会主义建设时期，“三会一课”制度得到了丰富和完善；改革开放以来，特别是党的十八大以来，“三会一课”制度得到进一步的创新和发展。

其次，“三会一课”是党支部基础建设的基础环节。党支部是党的全部工作和战斗力的基础，“三会一课”是党建工作的重要一环。落实好“三会一课”制度，对于增强党支部的凝聚力、吸引力、战斗力，对于加强学习型党组织建设，对于推进基层民主、党内民主建设，对于推进党务公开、加强党内监督，对于加强党员的教育管理、发挥党员的先锋模范作用都具有十分重要的作用。

再次，“三会一课”制度是全面从严治党的重要载体。作为党内基本制度，“三会一课”有着极其重要的作用，既可以落实思想建党和制度治党的要求，也可以落实民主集中制原则。

最后，“三会一课”能助推“两学一做”常态化、制度化。“两学一做”基础在学，“三会一课”则能发挥日常学习的牵引作用，“两学一做”关键在做，“三会一课”则能发挥学用结合、知行合一的重要载体作用。

如何开好党支部党员大会

根据《中国共产党支部工作条例（试行）》，党支部党员大会是党支部的议事决策机构，由全体党员参加，一般每季度召开1次。党支部党员大会的职权是：听取和审查党支部委员会的工作报告；按照规定开展党支部选举工作，推荐出席上级党代表大会的代表候选人，选举出席上级党代表大会的代表；讨论和表决接收预备党员和预备党员转正、延长预备期或者取消预备党员资格；讨论决定对党员的表彰表扬、组织处置和纪律处分；决定其他重要事项。

村、社区重要事项以及与群众利益密切相关的事项，必须经过党支部党员大会讨论。

党支部党员大会议题提交表决前，应当经过充分讨论。表决必须有半数以上有表决权的党员到会方可进行，赞成人数超过应到会有表决权的党员的半数为通过。

召开党支部委员会要注意什么

根据《中国共产党支部工作条例(试行)》，党支部委员会是党支部日常工作的领导机构。党支部委员会会议一般每月召开1次，根据需要可以随时召开，对党支部重要工作进行讨论、作出决定等。党支部委员会会议须有半数以上委员到会方可进行。重要事项提交党员大会决定前，一般应当经党支部委员会会议讨论。必要时也可召开支委扩大会议，吸收党小组组长和有关党员干部参加。会议议题一般包括以下方面：研究、贯彻上级党委的决议和指示，讨论制定完成生产和工作任务的方针办法，研究党的建设和党员管理教育方面的问题，研究有关干部选拔、调整方面的问题，研究培养、发展新党员方面的问题，讨论研究协调工、青、妇等群众组织工作方面的问题。

开好党支部委员会应注意以下几点：

第一，党支部委员会议事要注意遵守规定的程序，事前让委员知晓会议议题，有所准备。会上，要围绕议题组织好讨论，使所议的问题能得到认真解决。对会议决议的执行情况要注意督促检查。

第二，充分发扬民主。讨论中提倡畅所欲言，各抒已见，书记要善于启发大家，集思广益，不要怕别人提出与自己不同的意见。

第三，要议而有决。在大家对所讨论的问题发表意见后，书记要善于集中委员的智慧，按照少数服从多数的原则，作出决议。集中意见，既要听大多数人的意见，也要照顾少数人或个别人的意见。如果少数人或个别人的意见是符合上级指示和实际情况的，而多数同志不同意时，就不要急于作出决议，要引导大家继续学习和讨论，按照党的方针政策来统一认识，做到集中正确意见。决议作出后，还要研究制定贯彻执行决议的具体措施，并按照委员的职责进行分工，以保证支部委员会的决议贯彻执行。

支部委员会研究讨论有关问题，既要防止在重大问题上个人意志代替集体决定的现象，也要防止事无巨细，把应由个人分工处理的事都提交集体讨论的现象。

如何开好党小组会

党小组的主要任务是落实党支部工作要求，完成党支部安排的任务。党小组会由党小组组长召集并主持。开好党小组会一般来说要注意如下几点：

第一，定期召开党小组生活会，一般每月召开1次，组织党员参加政治学习、谈心谈话、开展批评和自我批评等。

第二，按照实际情况，分配每个党员一定的工作，具体组织党员去实现支部的决议，完成支部布置的任务。

第三，组织党员学习党的理论，学习党的路线方针政策决议、基本知识、法律知识和科学文化知识。

第四，组织党员在群众中宣传党的政策和决议，做群众的思想政治工作，及时向支部委员会反映群众的意见和要求，关心群众的物质文化生活。

第五，协助支部做好党员鉴定、培养入党积极分子、接收新党员，以及做好预备党员的教育、考察和转正、收缴党费工作。

党员领导干部如何上好党课

根据《中国共产党支部工作条例（试行）》，党课应当针对党员思想和工作实际，回应普遍关心的问题，注重身边人讲身边事，增强吸引力、感染力。党员领导干部应当定期为基层党员讲党课，党委（党组）书记每年至少讲1次党课。

党课教育是党组织用授课形式定期对党员进行教育的一种方式。这是我们党在长期党员教育实践中总结出来的一种行之有效的党员教育方式。搞好党课教育要着重抓好两个环节：一是抓好选题。党课教育的选题范围是很广泛的，可以是党的路线、方针、政策方面的教育，也可以是基本知识方面的讲述，还可以是国际、国内形势方面的分析，等等。但是，党课教育的具体选题一定要与党的中心工作和党员的思想实际紧密结合，做到有的放矢。也就是说，党课教育要有针对性。二是要抓好课后的学习讨论。授课后一般应组织党员进行深入讨论，并联系思想实际和工作实际进行对照检查。

讲授党课要努力做到深入浅出，生动形象，增强吸引力。近年来的党课教育实践证明，邀请优秀党员讲党课，现身说法，或利用现代传媒手段开展党课教育，不失为一个行之有效的方法。

3. 民主生活会和组织生活会

民主生活会和组织生活会是党内组织生活的基本形式

我们党在长期的革命和建设中形成了以开好党员领导干部民主生活会和基层党组织生活会为主要内容的党内组织生活基本形式。组织生活会是党支部或党小组以交流思想、总结经验教训、开展批评与自我批评为中心内容的组织生活制度。民主生活会是指党员领导干部召开的旨在开展批评与自我批评的组织活动制度。

中央《关于新形势下党内政治生活的若干准则》明确规定："坚持民主生活会和组织生活会制度。"这是总结我们党自身建设历史经验，总结党的十八大以来全面从严治党丰富实践，对坚持党内组织生活基本制度作出的明确规定，对于提高党员素质，锤炼党员党性，增强各级党组织“四自”能力，具有十分重要的意义。

通过召开民主生活会、组织生活会，开展批评和自我批评，清洗党员思想上、政治上、行为上的灰尘，解决党内矛盾和问题，加强了党的团结统一，促进了党的肌体健康。从建党实践来看，认真执行这一制度，对于加强党内监督，解决领导班子自身矛盾，增进团结，提高领导干部素质，充分发挥集体领导作用，增强党组织的战斗力，有着十分重要的现实作用和意义。

民主生活会和组织生活会的会前、会上和会后分别都有什么要求

中央《关于新形势下党内政治生活的若干准则》提出：“会前要广泛听取意见、深入谈心交心，会上要认真查摆问题、深刻剖析根源、明确整改方向，会后要逐一整改落实。”这是各级党组织开好民主生活会和组织生活会的基本要求，必须贯彻好、落实好。

《中国共产党支部工作条例（试行）》第十七条规定：党支部每年至少召开1次组织生活会，一般安排在第四季度，也可以根据工作需要随时召开。组织生活会一般以党支部党员大会、党支部委员会会议或者党小组会形式召开。组织生活会应当确定主题，会前认真学习，谈心谈话，听取意见；会上查摆问题，开展批评和自我批评，明确整改方向；会后制定整改措施，逐一整改落实。

《中国共产党农村基层组织工作条例》第三十二条规定：乡镇党委领导班子每年至少召开1次民主生活会，村党组织领导班子每年至少召开1次组织生活会，严肃认真地开展批评和自我批评，接受党员、群众的监督。

如何开好民主生活会和组织生活会

第一，端正思想认识。引导各级领导干部和党员认真学习党章，学习习近平总书记系列重要讲话，深刻认识批评和自我批评是一剂良药，是对同志、对自己的真正爱护，是进行党性修养的有效办法，进一步提高开展批评和自我批评的自觉性，克服思想障碍，防止因怕丢面子、怕伤和气、怕穿小鞋而不敢正视问题，不敢开展批评和自我批评的问题。

第二，充分做好会前准备。党组织要广泛听取党员群众对领导班子、领导干部和党员的意见建议，梳理汇总分析，为查摆问题打好基础。同时，要深入开展谈心交心活动，沟通思想，增进了解，化解矛盾，特别是帮助问题比较突出又缺乏认识的同志提高认识、正视问题。平时有隔阂、有误解的同志更要通过谈心交心，加深了解，交换意见，互帮互谅，化解矛盾和问题。

第三，严肃认真开展批评和自我批评。民主生活会上，领导班子成员要紧扣主题，突出重点，认真进行对照检查，不评功摆好，真正找出自己身上的问题，包括在落实从严管理家属子女和身边工作人员相关要求方面的问题，对群众意见和上级点明的问题要注意检查并作出实事求是的回应，并从世界观、人生观、价值观方面深刻检查剖析问题根源，提出改进的具体措施。班子成员之间都要开展诚恳的相互批评，敢于坚持原则，指出问题，真诚帮助提高，防止好人主义。基层党组织生活会也要结合实际，坚持高标准、严要求，开出“辣味”，开出实效。

第四，抓好整改落实。坚持从自己改起、即知即改，不等待观望，不敷衍塞责。针对群众反映的问题和民主生活会上查摆的问题，无论是班子的还是个人的，都要制定整改措施，扎实整改落实，并在一定范围内进行通报和公示。

开好民主生活会和组织生活会要注意抓好几个关键环节

实际工作中，要开好民主生活会和组织生活会，应注意抓好以下几个环节。

在会前，要做好以下几项工作：

① 听取意见。认真听取各方面的意见是前提。听取意见要有广泛性，既要听取上级领导的意见和建议，又要听取广大群众的

意见和建议；既要听取意见相同人的意见，又要听取意见不同人的意见。

② 反馈意见。将收集到的群众意见及时向党组织反馈，反馈意见时要实事求是，特殊情况下，对个别不宜公开的意见，可个别反馈。

③ 消化谈心。党组织对各方面提出的意见要有一个自我反思、进行消化的过程。在此基础上，广泛开展谈心交心活动，包括党委成员（支部委员）之间、党委成员（支部委员）与党员之间、党委成员（支部委员）与群众之间，虚心地接受批评，诚恳地求得帮助，这是开好生活会的关键。谈心时，领导干部要注意放下架子、敞开思想、以心交心。必要时，上级组织部门也可以派人指导。

④ 确定中心议题。党委（支部）主要领导干部根据征求到的意见，结合本单位的实际问题，确定生活会的中心议题；也可以根据上级党组织的要求，确定生活会的主要内容。

⑤ 做好准备。会议中心议题确定后，要提前告知与会人员，每个与会人员要围绕中心议题，准备好发言提纲，做好会前准备。党委（支部）应将准备情况向上级党组织作简要汇报，争取上级党组织派人参加生活会。

会中要做好以下几项工作：

① 认真开展批评与自我批评。生活会能否开得成功，关键在于能否认真、正确地开展批评与自我批评。为了抓好这一关键环节，领导干部必须坚持以身作则，作出表率，既能做到认真开展

自我批评，又要实事求是地开展批评。开展批评与自我批评，主要是启发觉悟，从思想上解决问题，要坚持“惩前毖后，治病救人”的原则。

② 制定切实可行的整改措施。在认真开展批评与自我批评之后，党委班子（支委会）还要在会议上制定整改措施。要在取得对问题的基本一致认识的基础上，制定整改措施。整改措施要按照实事求是的原则，要抓住要害问题，要切实可行。

③ 认真做好会议记录。在会议中，尽量采取详细记录法，记录要力争真实、准确，不能随意增删、更改，要避免遗漏重要内容。上级党组织要定期调阅生活会记录，了解情况，督促下级党组织重视这一工作。

④ 进行检查指导，上级党组织和领导干部直接参与并指导下级党组织的生活会，也是提高生活会质量的重要一环。这有利于了解下级党组织及党员的思想、作风等方面的表现情况，有利于发现基层工作中存在的问题，也有利于督促下级党组织开展批评与自我批评。

会后主要做好以下几项工作：

① 向党员群众通报会议情况。会议结束后，要在一定范围内向党员群众通报生活会的情况，以利于更好地实行党内监督和自觉地接受群众的监督。通报的主要内容包括对群众正确意见的认识、对一时难以解决的问题的说明、整改措施等方面。

② 检查效果。要根据整改措施的内容，经常检查整改效果。

一是自我检查；二是党员之间、支部委员之间、党委成员之间的相互检查；三是请群众监督检查。这种检查，可以通过自我反思、相互谈心、召开座谈会等形式进行。同时，本次生活会要解决的问题和整改措施，要作为下一次生活会的一个议题，议一下问题是否解决，措施是否落实。通过检查效果，促使党组织对生活会的高度重视，主动克服缺点，改正错误，不断前进。

4. 民主评议党员制度

民主评议党员制度是党支部定期组织党员开展民主评议的一种制度

《中国共产党农村基层组织工作条例》第三十五条规定：党的农村基层组织应当坚持和完善民主评议党员制度。对优秀党员，进行表彰表扬；对不合格党员，加强教育帮助，依照有关规定，分别给予限期改正、劝其退党、党内除名等组织处置。

民主评议党员制度是党支部按照有关规定，定期组织党员开展民主评议的一种制度，是在新形势下，根据从严治党的方针，把党员教育、管理、监督和服务融为一体，加强党的建设的一项重要制度。建立民主评议党员制度，是提高党员素质的一项重要措施，是加强对党员进行经常性教育、管理和监督的有效方法。目的是通过对全体党员进行做新时代合格共产党员的教育，通过民主评议和组织考察，检查和评价党员在改革开放和现代化建设中发挥先锋模范作用，表彰优秀党员，妥善处理不合格党员，从而提高党员队伍的整体素质，保持党组织的先进性，增强党组织的凝聚力和战斗力。

民主评议党员的重点事项

（1）民主评议党员的组织及形式

《中国共产党支部工作条例（试行）》第十八条规定：党支部一般每年开展1次民主评议党员，组织党员对照合格党员标准、对照入党誓词，联系个人实际进行党性分析。民主评议党员可以结合组织生活会一并进行。党支部召开党员大会，按照个人自评、党员互评、民主测评的程序，组织党员进行评议。党员人数较多的党支部，个人自评和党员互评可以在党小组范围内进行。党支部委员会会议或者党员大会根据评议情况和党员日常表现情况，提出评定意见。

（2）民主评议党员的步骤

根据中央有关精神和大量的各地实践，民主评议党员通常按以下步骤进行：

第一，摸底调查、学习教育。评议前，党支部要对党员存在的问题进行摸底调查，做到心中有数，针对存在问题，进行专题学习教育。

第二，自我评价。在学习讨论的基础上，对照合格党员标准，对照入党誓词，结合评议的内容要求，总结个人在思想、工作、学习等方面的情况，特别要检查自己在组织纪律、廉洁自律等方面的认识、态度和行动，在肯定成绩的同时，找出差距，明确努力的方向。

第三，民主评议。召开支部大会，进行民主评议。在评议中，要是非分明，敢于触及矛盾，认真而不敷衍地开展批评与自我批评。还要采取适当的方式，听取非党群众的意见。

第四，组织考察。支部委员会根据民主评议中对党员的评议意见，进行实事求是的分析、综合，形成组织意见，转告本人，并向支部大会报告。

第五，表彰和处理。对民主评议的好党员，由党组织通过口头或书面形式进行表扬。对模范作用突出的党员，可经过支部大会讨论通过，报上级党委批准，授予优秀共产党员的称号。对评议中揭露出的违法乱纪等问题，要认真查明，严肃处理。经评议认为是不合格的党员，支委会应区别不同情况，提出妥善处置的意见。

（3）民主评议党员要注意抓好三个环节

民主评议党员要特别强调讲求实效，保证质量，为此，要注意抓好三个环节：

第一，要把思想教育作为中心环节。在民主评议党员工作中，注意把思想教育放在首位，贯穿始终，采取多种方法，在提高党员的政治素质上花力气。要联系党员的思想实际，组织党员开展专题讨论，并注意运用正、反两方面的典型。

第二，要提倡严肃认真地开展批评与自我批评。运用批评与自我批评的武器，在党内开展积极的思想斗争，是搞好民主评议党员工作的重要环节。在评议中，还要十分重视党外群众对党员的批评、监督，认真听取他们的意见。

第三，要认真做好组织处理。对不合格党员的处置，既不能“不教而诛”，也不能只强调教育而不进行处理。

5. 谈心谈话制度

《中国共产党支部工作条例（试行）》第十九条规定：党支部应当经常开展谈心谈话。党支部委员之间、党支部委员和党员之间、党员和党员之间，每年谈心谈话一般不少于1次。谈心谈话应当坦诚相见、交流思想、交换意见、帮助提高。

党支部应当注重分析党员思想状况和心理状态。对家庭发生重大变故和出现重大困难、身心健康存在突出问题等情况的党员，党支部书记应当帮助做好心理疏导；对受到处分处置以及有不良反映的党员，党支部书记应当有针对性地做好思想政治工作。

6. 主题党日活动

《中国共产党支部工作条例（试行）》第十六条规定：党支部每月相对固定1天开展主题党日，组织党员集中学习、过组织生活、进行民主议事和志愿服务等。主题党日开展前，党支部应当认真研究确定主题和内容；开展后，应当抓好议定事项的组织落实。

支部主题党日活动是指党组织和党员按照明确的组织生活主题在固定时间开展党的活动，一般每月至少一次，时间不少于半天。支部主题党日活动除了集中组织学习，还可以采用主题党课、红色教育基地现场教学、建言献策、一线攻坚、志愿服务等形式，但要注意的是决不能借活动之名违规违纪。

开展活动时要把强化政治功能摆在首位。结合民主生活会、组织生活会和“三会一课”等，经常性地开展理论学习和政治教育，引导党员牢固树立“四个意识”，坚决维护以习近平同志为核心的党中央权威和集中统一领导。活动主题要鲜明，要围绕实现什么目标、解决什么问题创设活动主题，看看是不是紧扣上级的重大决策部署，是不是紧贴当地的中心工作和重点任务。县级组织部门和机关企事业单位党委（党组）要在年初对全年活动主题作出预安排。基层党支部可结合实际进一步明确每月活动主题，基层党委要加强指导把关。

支部党日活动参加对象为全体党员，也可根据活动主题吸收党员发展对象、群众代表和外来流动党员等群体参加。如果因工作、生活、健康等原因无法准时参加的一定要提前请假；对年老体弱，行动不便的党员要专人联系，送学上门；对外出流动党员，可通过网上学习、邮寄资料等方式进行补课。党员的参与情况要纳入考评和民主评议，对那些无故缺席的党员，党组织要给予谈话提醒，责令限期改正，根据情况还要进行相应的组织处置。

学习借鉴

河南内黄：共享书屋搭平台 创新方式学党史

2021年5月20日《农民日报》报道，河南省内黄县是“革命老区”“红色沙区”，有丰富的红色文化资源。为扎实开展好党史学习教育，内黄县严格党的组织生活，充分发挥共享书屋的共享优势，积极创新农村基层党组织的学习方式，让本地的革命后代和党史专家走进共享书屋讲党史，引领更多党员干部群众学党史、悟思想、办实事、开新局。

张菊梅是革命后代，她在共享书屋讲的是奶奶的故事。张菊梅的奶奶刘芝妮是内黄县六村乡千口村人，1934年加入中国共产党。据张菊梅介绍，抗日战争时期，刘芝妮接到一个重要任务，要把一份党内密件送到指定地点。为顺利完成任务，刘芝妮抱着四个月大的二儿子以走亲戚为由前去送信，半路听到枪响，因害怕敌人抓人抢物，刘芝妮就把二儿子放在沙丘旁的树坑藏了起来。在完成任务回来的路上，又因遇到敌人耽误了时间，等她回到沙丘处时，二儿子已经满口黄沙死在了树坑内。当时，刘芝妮悲痛万分，流下伤心的泪水。虽然失去了自己心爱的儿子，但是她也为自己能顺利完成党组织交给的任务而感到自豪。因此，刘芝妮被誉为“沙区红嫂”。

听完红嫂刘芝妮“舍儿取义”的革命故事，在座的听众无不为之感动，也引起了大家的共鸣，大家纷纷围绕自己所了解到的革命故事展开了热烈讨论，一同回忆党的百年奋斗历程。“我作为晚辈、革命老区的女儿，一定要宣传好奶奶的革命故事，继承她的革命意志，让奶奶刘芝妮的‘沙区红嫂’精神永远流传，激励鼓励一代又一代人听党话、感党恩、跟党走。”张菊梅坚定地说。

内黄县共享书屋志愿者赵良杰说：“当前全国正在开展学党史教育活动，我们充分利用共享书屋这个平台，发挥共享优势，在设立党史书籍专柜的基础上，将不断邀请革命后代和本地党史专家，在共享书屋给大家讲党史，让更多的人了解中国共产党的伟大光辉历程。”

四　加强农村基层党员队伍建设

1. 发展农村党员

必须切实保证党的农村基层组织新发展党员的质量

《中国共产党发展党员工作细则》第二条规定：党的基层组织应当把吸收具有马克思主义信仰、共产主义觉悟和中国特色社

会主义信念，自觉践行社会主义核心价值观的先进分子入党，作为一项经常性重要工作。《中国共产党农村基层组织工作条例》第三十九条规定：党的农村基层组织应当按照控制总量、优化结构、提高质量、发挥作用的总要求和有关规定，把政治标准放在首位，做好发展党员工作。注重从青年农民、农村外出务工人员中发展党员，注意吸收妇女入党。村级党组织发展党员必须经过乡镇党委审批。

回望历史，中国共产党对党员标准极为重视，对发展对象和正式党员始终按党章及相关党内法规的标准严格要求，这也是对保持党的先进性和纯洁性的本质规定和基本要求。必须切实保证新发展的党员质量，只有符合标准的党员才有凝聚力、战斗力，起到先锋队的作用，否则数量再多，也只是徒有其名。发展党员工作应当贯彻党的基本理论、基本路线、基本纲领、基本经验、基本要求，坚持党章规定的党员标准，始终把政治标准放在首位；坚持慎重发展、均衡发展，有领导、有计划地进行；坚持入党自愿原则和个别吸收原则，成熟一个，发展一个。禁止突击发展，反对“关门主义”。

党的农村基层组织发展党员应坚持的原则

根据《中国共产党章程》第五条、《中国共产党发展党员工作细则》第三条以及中央其他文件精神，发展党员应坚持以下几条原则：

第一，必须坚持党性原则。坚持党性原则就是严格按照党员标准发展党员，坚持五湖四海原则，以共产主义事业为根本目标，既不把不符合党员标准的人吸纳到党内来，也不把符合党员条件的同志拒在党的大门之外，坚决克服和反对派系和山头主义。切实把住新党员的“入口关”，这也是保证发展党员质量的一条重要原则。

第二，必须坚持有计划发展的原则。要从实际出发，既考虑事业的发展和实际需要，又考虑入党积极分子队伍的数量和成熟程度，使发展党员保持一个均衡的速度。不仅要宏观地提出发展数量、结构分布要求，还应着重提出工作上的要求和措施，防止出现发展党员大起大落等现象。

第三，必须坚持入党自愿的原则。对没有入党要求的人不能采取说服动员的方式，使其在并非自愿的情况下，向党组织提出入党申请。这是因为申请入党，就意味着做好承担一个共产党员的政治责任的准备，决心为党的事业奋斗终身，在党和人民利益需要的时候，能够义无反顾地牺牲自己的一切。这是需要本人经过郑重思考的，必须是自愿的，来不得半点勉强。如果入党不是建立在自愿的基础之上，就不可能自觉地用党员标准去规范自己的言行，甚至作出与党的要求背道而驰的事情，对党造成损害。因此，不能“拉”人入党。对一些没有入党要求的人，无论社会声望多高，能力多强、贡献多大，都不能强迫或动员他们入党。

第四，必须坚持个别吸收的原则。这是指对入党积极分子要逐个进行考察和审查。发展入党时，要逐个履行入党手续；支部大会讨论时，要逐个进行讨论和表决；党委审批时，要逐个进行审议和表决。坚持个别吸收的原则，并不是说每次支部大会只能讨论一个申请人入党，是禁止突击发展。如果一次支部大会讨论两个以上的申请人入党时，应逐个讨论表决，逐个履行入党手续，不能成批发展。只有这样，才能做到成熟一个发展一个，确保发展党员质量。

新形势下发展党员的基本程序

发展党员的基本程序主要有：

第一，开展广泛深入的思想教育工作。党的农村基层组织应十分关心广大农民群众的思想进步，经常组织学习党的基本知识，宣传党的路线、方针和政策，启发他们树立共产主义信念，教育和引导农民群众积极靠拢党组织。

第二，对入党积极分子进行培养、教育和考察。党组织收到入党申请书后，应当在一个月内派人同入党申请人谈话，了解基本情况。采取党员推荐、群团组织推优等方式确定入党积极分子，并报上级党委备案。党组织应当指定1～2名正式党员作为入党积极分子的培养联系人，对党员进行培养、教育，及时编入本支部的党章学习小组学习，送党校培训，吸收参加党内有关活动，建立培养和考察档案等。党支部每半年要对入党积极分子进行一次考察，有针对性地开展教育工作。

第三，确定重点培养对象。经支部党员大会讨论决定，遴选优秀的入党积极分子作为重点培养对象。指定1～2名正式党员作重点培养对象的培养人（联系人），具体负责培养、教育和考察工作。对于成立了党小组的支部，遴选重点培养对象须先经党小组讨论。

第四，确定发展对象。对经过一年以上培养教育和考察、基本具备党员条件的入党积极分子，在听取党小组、培养联系人、党员和群众意见的基础上，支部委员会讨论同意并报上级党委备案后，可列为发展对象。

第五，政治审查。党支部通过党总支（或者上级党组织）同本人谈话、查阅有关档案材料、找有关单位和人员了解情况以及必要的函调或外调等方式，对发展对象对党的理论和路线、方针、政策的态度，政治历史和在重大政治斗争中的表现，遵纪守法和遵守社会公德情况，直系亲属和与本人关系密切的主要社会关系的政治情况进行审查。凡是未经政治审查或政治审查不合格的，不能发展入党。

第六，做好发展准备工作。确定两名正式党员作为入党介绍人（可由党组织指定或入党介绍人自己约请，一般由联系人或培养人担任），报党总支（或上级党组织）预审，并填写入党志愿书。

第七，召开支部党员大会讨论表决。一切准备工作就绪后，召开支部党员大会，按照有关规定和程序进行讨论表决。

第八，报上级党组织审批。党支部应当及时将支部大会决议写入入党志愿书，连同本人入党申请书、政治审查材料、培养教育考察材料等，一并报党总支（或上级党组织）。上级党组织指派专人同入党申请人谈话，进一步考察申请人对党的认识和入党动机，审察发展党员的组织程序，在此基础上作出审批决定。

第九，正式吸收预备党员。党支部在接到上级党组织预备党员的批准通知后，正式通知本人被吸收为预备党员，并提出希望和要求。张榜公布预备党员名单。

第十，预备党员教育、考察。党组织应当及时将上级党委批准的预备党员编入党支部和党小组，对预备党员继续进行教育和考察。预备党员必须面向党旗进行入党宣誓。入党宣誓仪式一般由基层党委或党支部（党总支）组织进行。党组织应当通过党的组织生活、听取本人汇报、个别谈心、集中培训、实践锻炼等方式，对预备党员进行教育和考察。预备党员的预备期为一年。预备期从支部大会通过其为预备党员之日算起。

第十一，预备党员预备期满转正。认真履行党员义务、具备党员条件的预备党员，应当按期转为正式党员。由本人向党支部提出书面转正申请；党小组提出意见；党支部征求党员和群众的意见；支部委员会审查；支部大会讨论、表决通过；报上级党委审批。党委对党支部上报的预备党员转正的决议，应当在三个月内审批。审批结果应当及时通知党支部。党支部书记应当同本人谈话，并将审批结果在党员大会上宣布。党员的党龄，从预备期满转为正式党员之日算起。

第十二，党员转正后续。预备党员转正后，党支部应当及时将其入党志愿书、入党申请书、政治审查材料、转正申请书和培养教育考察材料，交党委存入本人人事档案。无人事档案的，建立党员档案，由所在党委或县级党委组织部门保存。

是不是必须先入团再入党

根据《中国共产党章程》第一条和《中国共产党发展党员工作细则》第五条的规定，凡是年满18岁的中国工人、农民、军人、知识分子和其他社会阶层的先进分子，承认党的纲领和章程，愿意参加党的一个组织并在其中积极工作、执行党的决议和按期交纳党费的，可以申请加入中国共产党。从这个角度讲，并没有明确规定必须先入团再入党。

实际工作中，28周岁以下青年入党，一般应从团员中发展。这是因为共青团是党领导的先进青年的群团组织，是广大青年在实践中学习中国特色社会主义和共产主义的学校，是党的助手和后备军。在一般情况下，一个政治上积极要求进步的青年应当首先加入共青团组织，使共青团成为党组织发展青年党员的主要来源。因某些特殊情况，有的青年虽然没有入团，直接申请入党也是可以的。确已具备党员条件的，党组织也可以吸收他们入党。

外出务工经商人员和自谋职业者如何申请入党

中央乡村振兴有关文件指出，要优化农村党员队伍结构，加大从青年农民、农村外出务工人员中发展党员力度。实际工作中，党的农村基层组织在脱贫攻坚和乡村振兴中发挥的作用逐步得到群众认可，党组织对外出务工经商人员的吸引力越来越大，外出务工经商人员和自谋职业者纷纷要求入党。那么他们应该向户籍所在地农村党组织还是向外出务工地党组织提出申请呢？

根据《中国共产党发展党员工作细则》等相关规定，外出务工经商人员要求入党，可根据时间长短来确定。一般来说，在一个地方（单位）工作时间不满一年，入党申请应向原单位或户口所在地的乡镇、街道党组织提出；外出务工经商人员在一个地方（单位）工作超过一年的，入党申请可向现工作地（单位）党组织提出。无论是原单位党组织，还是户口所在地的乡镇、街道党组织，或是其现在工作地（单位）的党组织，对上述人员的入党申请，都应当热情欢迎，并负责做好对他们的培养教育和考察工作。对在一个地区（单位）连续工作两年以上，确实具备党员条件的，经征求其原所在单位或所在地党组织的意见，可以吸收他们入党。

参加了个体劳动者协会的人要求入党，可以向个体劳动者协会或其主管部门党组织提出申请。接受申请的党组织负责对他们进行培养、教育和考察，在他们具备党员条件时，要适时吸收他们到党的组织中来。

农村基层党组织如何加强对流动党员的管理

（1）流动党员要自觉接受流出地和流入地党组织的教育和管理

根据《关于加强和改进流动党员管理工作的意见》，流动党员是指由于居住地变化等原因，在较长时间内，无法正常参加正式组织关系所在党组织活动的党员。

《中国共产党农村基层组织工作条例》规定，流动党员每半年至少向流出地党组织汇报1次在外情况。流动党员要认真履行党员义务，正确行使党员权利，在流入地参加党的日常组织生活，在正式组织关系所在党组织参加选举等重要活动，自觉接受流出地和流入地党组织的教育和管理，发挥先锋模范作用。

第一，外出前应向所在党支部报告外出事由、时间、地点及联系方式，领取流动党员活动证。

第二，凭流动党员活动证及时到流入地党组织报到，积极参加党的组织生活，按规定交纳党费，完成党组织交给的任务。流动党员原则上应当按月交纳党费，因外出地变动频繁等原因按月缴纳确有困难的，可以按季缴纳。

第三，主动与流出地党组织保持联系，至少向流出地党组织汇报1次外出期间思想、工作和参加组织生活情况。外出地点、就业单位、居住地和联系方式等发生变化时，应及时向流出地党组织和有关党组织报告。

第四，外出返回后，及时将流动党员活动证交给流出地党组织查验，如实向党组织汇报外出期间的情况。

（2）党的农村基层组织应当加强和改进流动党员教育管理

《中国共产党农村基层组织工作条例》第三十七条规定：党的农村基层组织应当加强和改进流动党员教育管理。流入地党组织应当及时将外来党员编入党的支部和小组，组织他们参加组织生活和党的活动。

近年来，随着乡村振兴各项工作的积极推进，越来越多外地人员到农村参加农业种植养殖、民宿农家乐等观光旅游工作，甚至到农业产业园区工作，其中包括不少党员。《关于加强和改进流动党员管理工作的意见》规定，加强在农村工作和生活的外来流动党员管理，要注意如下四点：

首先，要以搞好流动党员活动证的查验工作为基本依托，做好调查摸底，掌握本地到底有多少流动党员。对这些人要一一见面，建立档案，做到一个流动党员一份档案，一个支部一本总账目。

其次，加强对外来流动党员的经常性教育和管理，将外来流动党员编入党的一个基层组织，组织他们参加党的组织生活。抓住农闲或者春节、元宵节等节假日，通过组织召开茶话会、座谈会以及入户走访等方式，适时开展集中教育，介绍当地发展形势，传达上级文件精神，征求创新发展的意见建议。

再次，加强平时联系，关心他们的生活和工作，为他们的就业学习和生活提供必要帮助。引导他们关心流出地发展，为流出地党组织、党员群众带信息、传技术。

最后，在流动党员活动证上如实填写党员参加组织生活、交纳党费等情况，及时将外来流动党员的重要情况反馈给流出地党组织。

（3）如何加强对农村外出流动党员的管理

农村是流动党员的重要输出地，《中国共产党农村基层组织工作条例》规定，流动党员流出地党组织应当加强对外出党员的经常联系，可以在外出党员相对集中的地方建立流动党员党组织。加强对流动党员的管理，党的农村基层组织应主要做到三点：一是对外出党员进行教育并提出要求，按规定登记发放流动党员活动证；二是通过适当方式与党员继续保持联系，了解党员外出后的思想、工作情况，及时向外出党员通报党组织的重要情况；三是党员返回后，认真查验流动党员活动证内记载的有关内容，详细了解党员外出期间的表现。党员外出后不按规定将流动党员活动证交外出所在地党组织，无正当理由连续6个月不参加党的组织生活，或不交纳党费，或不做党所分配的工作的，按党章等有关规定办理。

（4）流动党员如何参加党组织选举

根据《中国共产党章程》和《关于加强和改进流动党员管理工作的意见》等相关规定，流动党员如果已经办理了正式党员组织关系转移手续，应在现所在的党组织参加党内选举，享有表决权、选举权和被选举权。但对于只开具党员证明信和持流动党员活动证外出的流动党员，由于他们没有转移正式组织关系，都应在原所在党组织参加党内选举，行使表决权、选举权和被选举权。外出党员原所在党组织进行选举时，如果出现外出党员回乡参加选举活动将严重影响生产生活等特殊情况时，可由有关企业等组织事先与流动党员原所在的党组织沟通协商，经原所在党组织的党员大会同意，可不计算为应到会人数。

（5）发放流动党员活动证应注意以下事项

一是流动党员活动证由各省、自治区、直辖市党委组织部严格按中央组织部制定的统一式样定点印制。其他任何单位和个人不得自行印制。

二是流动党员活动证由县级党委组织部门按照《中国共产党基本信息管理系统2005》设定的编码进行统一编号，经流出地基层党委盖章后，由党支部登记发放，详细登记持证外出党员的姓名、所在支部、发证时间、外出原因、流向、外出时间等情况，并报上级党组织备案。

三是流动党员活动证一般应贴本人近期免冠一英寸照片，并由发证的基层党委在照片上加盖印章。因特殊情况未贴照片的，应与本人的居民身份证同时使用。

下列情况不能使用流动党员活动证：

① 短期（6个月以内）外出参加会议、学习进修、借调工作、办理公务、休假探亲的党员，仍开具党员证明信。

② 长期（6个月以外）外出务工经商且有固定地点的党员，应转移正式组织关系。

③ 流动性大，无固定地点，但可以经常返回原所在单位的党员，仍在原单位参加党的组织生活。

④ 集体外出、地点相对集中，且有3名以上党员的可通过建立党支部（临时党支部）或党小组进行管理。

学习借鉴

党员流动不流失　湖南蓝山探索流动党员管理新模式

2022年4月7日《光明日报》报道，湖南省蓝山县积极探索流动党员管理模式的创新。为了让流动党员“离乡不离党、流动不流失”，蓝山县对外出流动党员聚集趋势和重点地域深入摸排，因地制宜创新党组织设置方式，先后在广东东莞、花都、深圳，海南文昌，云南昆明等地建立流动党员党组织21个。

在海南，有60%的“妃子笑”荔枝园由湖南蓝山籍果农种植经营，总面积超过6万亩，年产值达5亿多元。正是在蓝山县驻海南流动党员党支部的帮助下，这些蓝山籍荔枝种植户联合成立了海南湘蓝热带水果专业合作社，通过统一技术指导、农资供应、销售渠道，既提高了荔枝产量和品质，也化解了价格风险，让老乡们增产又增收，实现了“党建红引领产业红”。

针对流入地的特点和优势，蓝山县在流动党员驻地探索出形式多样的管理模式。在东莞建立“流动党组织+流动人口服务站”模式，为蓝山驻东莞务工经商人员提供党建、商务、法律咨询、劳动保障等综合服务；在昆明、郴州探索“流动党组织+商会”模式，通过发挥党组织的核心作用，把蓝山在外经商能人凝聚到党组织周围；针对流动党员以从事建材行业为主的特点，在株洲、平乐探索出“流动党组织+建材行业”模式，注重在行业发展中凝心聚力，互助发展。

20世纪90年代以来，有4万多名蓝山老乡外出到广州打工，很多人慢慢有了自己的皮具加工厂。因此，蓝山县在广州花都开创了“流动党组织＋皮具箱包产业链”模式，共带动蓝山老乡在花都创办企业1200多家，带富乡亲4.6万余人。通过流动党支部的引领示范作用，蓝山县不仅让党员在“流动”中感受到组织的温度，而且充分发挥出流动党员在以城带乡、产业转移中的纽带作用。

2015年，蓝山县驻花都区流动党员党总支积极响应中共蓝山县委、县政府号召，“引老乡、回故乡、建家乡”，组织一大批党支部成员回乡开办工厂。不久，蓝山县皮具箱包科技产业园拔地而起，落地企业达到130多家，总投资额超110亿元。同时，各驻外流动党支部也为家乡贫困户无偿提供就业信息、技术培训等服务，发布劳务需求信息2万多条，为家乡抗洪救灾、疫情防控等事业捐款捐物累计达1000多万元。

蓝山县流动党员管理有效解决了流动党员流出地“管得着看不见”、流入地“看得见却管不着”的矛盾，让流动党员成为推动城乡发展、促进城乡交流的桥梁纽带。目前蓝山县仍不断推进流动党员“共建共管共促”模式，让流动党员不流失、建功立业有舞台。

2. 农村党员监督和管理

党员管理工作最根本的目的，就是用党章规定的党员标准规范党员的言行

《中国共产党农村基层组织工作条例》第三十六条规定：党的农村基层组织应当教育和监督党员履行义务，尊重和保障党员的各项权利。推进党务公开，使党员对党内事务有更多的了解和参与。第二十四条规定：严格农村基层干部管理监督，坚决纠正损害群众利益行为，严厉整治群众身边腐败问题。

党员管理工作是党的建设的重要组成部分，是加强党的建设的基本途径之一，是实现党的政治路线的重要保证。党员管理是党组织按照党章和党内的有关规定，通过一定的方式和手段，使党员认真履行义务，正确行使权利的活动。具体工作是根据党员数量、分布和流动情况，建立党的组织；对党员进行教育，对党员进行审查和鉴定，对过好党员组织生活进行监督检查，整顿纪律，发挥党员的先锋模范作用，表彰优秀党员，对不合格党员进行严肃处理，清除党内腐败分子等。党员管理工作最根本的目的，就是用党章规定的党员标准规范党员的言行，体现党的工人阶级先锋队性质对党员的要求。通过党员管理提高党员素质，使党员的先锋模范作用得到发挥，使党的先进性得到体现，从而保证党的路线、方针、政策得以贯彻落实，保证党的各项任务能够顺利完成。

党支部进行党员管理主要有哪些内容

按照党章规定及有关文件精神，党支部进行党员管理的基本任务主要是：

第一，引导党员严格履行义务，保障党员充分行使权利。党员的先进性主要体现在党员是否履行了党章规定的八项义务，是否自觉地做合格的党员。党员充分行使党章规定的党员权利，是党内民主的重要表现。党支部要认真落实《中国共产党党员权利保障条例》的各项规定，教育引导党员正确行使权利，并为党员行使权利创造必要的条件。

第二，组织党员参加党的活动。党章规定，党员的基本条件之一，就是“参加党的一个组织并在其中积极工作”。党支部对党员的日常管理，主要体现在组织党员参加党的活动上，如参加党的组织生活，按期交纳党费，接受党的教育和培训，完成党组织分配的工作等。

第三，严格党员组织关系和党籍管理。党员的组织关系是党员身份的证明，党籍是党员的资格，党员的工作是经常变动的，特别是在社会主义市场经济条件下，党员的流动日趋广泛、频繁，党员的思想情况、工作表现时有变化，对党员的管理必然是动态的。党员流动后，党支部要及时按规定办理转移组织关系的手续，党员凭组织关系参加党的组织生活，发挥先锋模范作用。党员如果丧失了党员资格，党支部应按规定对党员进行党籍处理。

第四，保持党员队伍的纯洁性。任何时候，党员队伍中会有落伍者，对于那些理想信念动摇，价值观念发生变化，其表现已经不具备党员条件的不合格党员，党支部应按照党章规定，根据党员的不同情况，分别采取措施进行严肃处理，以保持党员队伍的纯洁性。

加强党员管理应该从哪些方面着手

第一，把党员编入党的一个组织，使每个党员都置于党组织的约束监督之下。《中国共产党章程》第八条规定："每个党员，不论职务高低，都必须编入党的一个支部、小组或其他特定组织，参加党的组织生活，接受党内外群众的监督。"党员必须参加党的一个组织，接受党内外群众的监督，必须参加所在支部的党员大会或党小组会。党员在组织生活会上，应认真负责地向党组织汇报自己的思想和工作。这项制度是加强党员管理，对党员进行批评监督，促进党员发挥先锋模范作用，提高党的战斗力的一项组织保证。

第二，加强党员管理，使党员自觉地执行党的决议，完成党组织分配的任务。经党员大会、党的代表大会或党的委员会集体讨论作出的决议，体现了党的利益和大多数党员的意志，全体党员必须贯彻执行。党员管理的一项经常性的任务就是要求每个党员无条件地执行党组织的决议，完成党组织分配的工作。只有这样，才能保证党在政治上、思想上、行动上的统一，才能带领群众完成党的各项任务。

第三，加强党员管理，使党员认真履行党员义务。每一个党员，都要认真履行党员义务，这是党员应尽的责任。党支部要把督促本支部的党员履行党章规定的党员义务作为党员管理的基本要求和内容，使党员强化党员意识，促使党员在改革开放和社会主义现代化建设中充分发挥先锋模范作用。

第四，加强党员管理，使党员正确行使党员权利。从根本上说，党章规定的党员权利，是保障党员从事党的事业、谋求党的利益的权利。党员在履行义务的同时，也必须享有一定的权利。这样才能巩固党的组织，提高党的战斗力，完成党的各项任务。因此，党支部要严格遵守《中国共产党党员权利保障条例》，保障党员正确行使权利。要克服只注意让党员履行义务，不尊重党章赋予的党员权利的倾向。

党支部如何处置不合格党员

处置不合格党员，是指对丧失党员条件、不发挥党员作用的党员进行组织处理，是保持党员队伍先进性、增强党组织战斗力的必要措施，是从严治党的重要内容。党支部处置不合格党员，要采取“坚持标准，立足教育，区别对待，综合治理”的方针。要在民主评议、听取群众意见的基础上，按党章和有关规定，对不合格党员区别不同情况作出处理。凡是不合格又不愿意改正的，应劝其退党，劝而不退的，予以除名；凡是本人要求退党的，应予批准。处置不合格党员要同整顿基层党组织结合起来，对那些因组织软弱涣散而产生的不合格党员，应先整顿组织，过一段时间再视情况处置不合格党员。处置不合格党员要注意严格坚持党员标准，坚持思想教育和组织处理并重，贯彻“惩前毖后，治病救人”的方针，严格掌握政策界限，实事求是区别对待，严肃处置。

党员违犯党的纪律，应当及时教育或者处理

《中国共产党农村基层组织工作条例》第三十八条要求：党

的农村基层组织应当严格执行党的纪律。经常对党员进行遵纪守法教育。党员违犯党的纪律，应当及时教育或者处理，问题严重的应当向上级党组织报告。对于受到党的纪律处分的，应当加强教育，帮助其改正错误。第二十四条要求：加强农村基层干部队伍作风建设。坚持实事求是，不准虚假浮夸；坚持依法办事，不准违法乱纪；坚持艰苦奋斗，不准奢侈浪费；坚持说服教育，不准强迫命令；坚持廉洁奉公，不准以权谋私。坚决反对形式主义、官僚主义、享乐主义和奢靡之风。

什么是违反中央八项规定精神

2012年12月4日，习近平总书记主持召开中共中央政治局会议，审议通过了《十八届中央政治局关于改进工作作风、密切联系群众的八项规定》（以下简称中央八项规定）。中央八项规定主要是针对中央政治局的全体同志。根据中央八项规定的精神，违反该规定精神的问题主要包括：违规公款吃喝、公款国内旅游、公款出国（境）旅游、违规配备使用公务用车、违规收送礼品礼金、大办婚丧喜庆、提供或接受超标准接待、接受或用公款参与高消费娱乐健身活动、违规出入私人会所、楼堂馆所违规问题、领导干部住房违规问题。

中央纪委案件审理室《纪律审查证据收集与运用》指出，“下列问题较为突出，应作为违反中央八项规定精神问题的查处重点”：一是违反规定组织、参加用公款支付的宴请、高消费娱乐、健身活动，或用公款送礼；二是违反有关规定取得、持有、实际使用运动健身卡、会所和俱乐部会员卡、高尔夫球卡等各种消费卡；三是接受可能影响公正执行公务的宴请或者旅游、健身、娱乐等活动安排；四是违反有关规定出入私人会所；五是收受可能影响公正执行公务的礼品、礼金；六是在交通、医疗、警卫等方面为本人、配偶、子女及其配偶等亲属和其他特定关系人谋求特殊待遇，比如公车私用；七是违反公务接待管理规定，超标准、超范围接待或者借机大吃大喝。

中央纪委网站《全国查处违反中央八项规定精神问题月报》提示，违反中央八项规定精神问题（行为）类型包括：违规公款吃喝；公款国内旅游；公款出国境旅游；违规配备使用公务用车；楼堂馆所违规问题；违规发放津补贴或福利；违规收送礼品礼金；大办婚丧喜庆；其他——提供或接受超标准接待、接受或用公款参与高消费娱乐健身活动、违规出入私人会所、领导干部住房违规问题。

此外，根据中央纪委《违反中央八项规定精神典型案例》栏目（通报），将工作日午间饮酒等部分违反工作纪律行为也归类为违反中央八项规定精神范畴。由此可见，中央八项规定和中央八项规定精神是有区别的。中央八项规定是中央为了规范中央政治局委员作风建设所出台的八条纪律要求，是针对中央政治局委员而言的。

根据中央八项规定的内容，我们可以总结出它的精神实质是厉行勤俭节约、反对奢侈浪费和奢靡之风、廉洁从政、工作作风务实等，与此相违背的，就是违反中央八项规定精神。

农村党员干部有哪些常见的违反中央八项规定精神问题

根据有关部门统计归纳，农村党员干部常见的违反中央八项规定精神问题有：一是违规收送礼品礼金问题突出。相比党政机关严格的纪律约束，农村党员干部遵规守纪意识逐层递减。二是大操大办婚丧喜庆事宜屡禁不止。少数党员干部在家庭没有婚丧事宜发生时，以新房建成、乔迁、子女入学、参军甚至饭店开业等名目，借机敛财。三是违规公款吃喝花样百出。尽管规定村级零招待，但村干部违规吃喝花样翻新。借工作违规吃喝，或是套取、骗取资金大吃大喝，违规接受吃请。四是滥发补助福利巧立名目。自设项目滥发奖励，逢年过节发过节费，代缴各类保险费用。五是公款游山玩水旗号繁多。借公务活动旅游，借“红色教育”大吃大喝。对此，农村党员干部要切实领会中央八项规定精神，引以为戒。

解决农村党员干部违反中央八项规定精神问题，需要四方“廉”动培树新风，减少问题存量，坚决遏制增量。

第一，加强教育倡“廉”。通过各种形式，引导农村党员干部深入学习中央和省市有关规定精神，切实加强对党员干部的思想教育，不断提高农村基层党员干部廉洁服务素质和能力，促使党员干部自觉遵守廉洁自律各项规定，努力营造良好社会环境和社会风尚。同时，注重曝光典型问题，发挥警示教育作用。

第二，严格监督促“廉”。进一步完善党务、政务公开工作，加强日常监督，及时发现倾向性、苗头性问题，尤其要抓住节日期间问题易发、多发期，早打预防针，常敲警钟，防止违规违纪问题发生。不定期抽调人员组成专门检查组，开展明察暗访，及时发现并纠正问题。

第三，完善机制养“廉”。建立健全相关工作制度，规范村居干部工作程序，定期对制度落实情况进行自查，确保制度落实。完善村干部退出机制，村“两委”班子成员年满60周岁，必须退职休养。加强村居干部待遇保障，以优厚的待遇增加村居干部廉洁勤奋工作的优越感。

第四，严肃查处保“廉”。督促乡镇街道党委全面履行主体责任，将农村基层党风廉政建设情况纳入责任制考核内容。坚持上下联动，将专项督查与日常督查相结合，查处问题与集中整治相结合，深挖细查发生在群众身边的“微腐败”。加大问责力度，对违纪行为不制止、不查处，或者制止、查处不力，造成不良影响的，依据相关规定，对乡镇主要领导和分管领导严肃问责。

学习借鉴

为村干部履职标底线画红线

2021年11月10日《农民日报》报道，如何当好村里“当家人”“领头羊”？这既需要村干部迅速进入“实干模式”，也需要强化村干部队伍监督，完善村级权力运行监督机制，标出底线、画出红线，切实管好村级小微权力。比如，山东省青岛市出台规定，禁止村干部承揽或插手本村工程项目和集体资产经营项目，并明确了以合伙承包、合资入股等手段变相承揽插手工程项目等10种具体情形，为村干部行使职权标出了底线、画出了红线。

在全国多地，加强对村干部的监管，正引起越来越多的关注和重视。这主要由于随着越来越多的项目和资金下拨到农村，加之农村治理体系和治理能力存在短板，村干部潜在的腐败风险呈上升态势。在个别地方，基层违规违纪苗头在一定程度上滋生蔓延，村干部频频将“黑手”伸向涉农财政资金，利用虚报冒领、截留挪用等手段“蚕食”群众利益。而不少农村处于年轻人进城务工、老人儿童留守的状态，为村干部以权谋私留下可乘之机。必须下决心织密监督网络，把“严”字贯穿始终，做好履职“标尺”，营造农村风清气正的政治生态。

抓早抓小，长抓长管。比如，甘肃省临洮县建立村干部“廉政档案”，精准发现村干部工作中的廉政风险点，从而有针对性做到早提醒早预防。山东省沂源县推行农村权力清单、责任清单、负面清单“三张清单”制度，让村干部明白该干什么、怎么干、什么不能干。类似的常态化监督机制，构建从源头预防到过程约束的工作闭环，能够有效监督权力运行、遏制腐败产生。

“打蛇打七寸”，必须对多发易发腐败风险保持高压态势。特别是对政府投资和村级集体工程项目，应紧盯程序关、质量关、资金关，严防“小工程”“大猫腻”，避免被偷工减料、以次充好。对扶贫资金、补助资金等一些村干部眼中的“唐僧肉”，应练就火眼金睛，全力保驾护航。

用数字化监督破解监督难题。信息化时代环境下，应善于瞪大数据的“眼睛”，利用智慧手段提高监管水平和治理效能。比如，浙江省义乌市梳理整合财务报销、印章使用、务工用工、村级工程管理等24个村务高频事项，建成集村级事务办公、监督、公开、治理于一体的应用平台——“村务清廉钉办”，实现办事一次不跑、干部干事规矩、用权全程公开，形成完整的监督闭环。这样的智能监督技术能够有效缩减村级事务运行中人为因素带来的寻租空间。

综合施策，增强合力。对村干部的监督不是乡镇层面的“独角戏”，也不是纪检监察、组织、民政等少数几个部门的“小合唱”，而应是全社会、多部门演绎的“大合唱”，应健全完善村级民主监督机制，发挥包括司法监督、舆论监督、审计监督在内的多种监督力量的作用，增强部门间的协同联动和信息共享，强化反面案例的警示教育作用，久久为功，抓出成效，让村干部种好“责任田”，为群众办更多实事好事。

3. 农村党员教育

扎实推进“两学一做”学习教育常态化制度化

“两学一做”学习教育，指的是“学党章党规、学系列讲话，做合格党员”学习教育。2016年2月，中共中央办公厅印发了《关于在全体党员中开展“学党章党规、学系列讲话，做合格党员”学习教育方案》，并发出通知，要求各地区各部门认真贯彻执行。开展“两学一做”学习教育，是面向全体党员深化党内教育的重要实践，是推动党内教育从“关键少数”向广大党员拓展、从集中性教育向经常性教育延伸的重要举措，是全面从严治党的战略性、基础性工作。推进“两学一做”学习教育常态化，对于进一步用习近平新时代中国特色社会主义思想武装全党，确保全党更加紧密地团结在以习近平同志为核心的党中央周围，不断开创新时代中国特色社会主义事业新局面，具有重大而深远的意义。

从农村实际来讲，在党的农村基层组织推进“两学一做”学习教育常态化制度化，一是要坚持全覆盖、常态化、重创新、求实效，坚持学做结合，依托党委理论学习、党支部“三会一课”等基本制度，融入日常、抓在经常，防止形式主义，防止“两张皮”。二是要紧密联系“三农”工作和乡村振兴实际，联系党员思想工作实际，突出分类指导，组织党员、干部经常自省修身，打扫思想灰尘，有什么问题解决什么问题，什么问题突出重点解决什么问题。三是乡镇领导机关要带头学、带头做，要把学党章党规、学系列讲话作为主要内容，党员领导干部要把自己摆进去，不断改造自己，提高思想政治觉悟。要把村党支部建设作为最重要的基本建设，充分发挥村党支部教育管理党员的主体作用，树立党的一切工作到支部的鲜明导向。

教育引导农村基层党员做到“四个合格”

2017年3月底，中共中央办公厅印发了《关于推进“两学一做”学习教育常态化制度化的意见》，意见指出，各级党组织要教育引导广大党员按照“四讲四有”标准，做到政治合格、执行纪律合格、品德合格、发挥作用合格。党中央提出“四个合格”党员的理念，强调了新形势下提升党员自身修养的重要性，吹响了争做“四个合格”党员的集结号。党的农村基层组织在抓好这项工作中，要注意区分层次，贴近实际，稳步落实。

在政治合格方面，重点是教育引导广大党员坚定理想信念，正确把握政治方向，坚定站稳政治立场，自觉强化和牢固树立政治意识、大局意识、核心意识、看齐意识（“四个意识”），坚决维护习近平总书记党中央的核心、全党的核心地位，坚决维护党中央权威和集中统一领导（“两个维护”），不断增强中国特色社会主义道路自信、理论自信、制度自信、文化自信（“四个自信”）。

在执行纪律合格方面，重点是教育指导广大党员增强组织纪律性，执行党的决定，服从组织分配，严守党的纪律特别是政治纪律和政治规矩。

在品德合格方面，重点是教育引导广大党员继承发扬党的优良传统和作风，大力弘扬忠诚老实、光明坦荡、公道正派、实事求是、艰苦奋斗、清正廉洁等共产党人价值观，带头践行社会主义核心价值观。

在发挥作用合格方面，重点是教育引导广大党员时刻牢记党的根本宗旨，爱岗敬业、履职尽责，服务群众、奉献社会，敢担当、敢负责、敢作为，在促进改革发展稳定和乡村振兴中做表率、当先锋。

4. 党费交纳

党员如何交纳党费，党组织如何收缴和管理党费

按照党章的规定，党员向党组织交纳党费，是党员必须具备的起码条件。党员如果没有正当理由，连续六个月不参加党的组织生活，或不交纳党费，或不做党所分配的工作，就被认为是自行脱党。预备党员应同正式党员一样按规定交纳党费，并从支部大会通过其为预备党员之日起开始交纳。

对党员交纳党费的要求主要是三点：一是党员本人亲自交纳，一般不允许别人代交。二是按期交纳，一般按月交纳。三是按规定的标准交纳，没有特殊情况和经过批准，不可以少交；自愿多交不限。党员如有生病或年老体弱行动不便，或是外出时间较长等特殊情况，本人交纳党费确有困难，经支部批准，可以提前交纳党费，也可以请他人或家属转交。

党费管理和使用的基本要求主要是如下几点：一是专人管理，一般由组织委员或党小组组长专人负责；二是专立账目，及时统计，凭证收支，按月上缴；三是定期报告，定期检查；四是严格管理，专款专用。党费的使用范围，主要是用于党员教育费用的补充开支，购买党员政治理论学习资料，表彰先进党支部、优秀党员，对丧失劳动能力、有特殊困难的党员给予适当补助等。党支部使用党费应征得上级党组织同意，在规定的范围内开支。

支部组织委员或党小组组长，在收缴下级党组织或党员的党费时，应当注意以下几个问题：一是准确核定党员交纳党费的计算基数和数额。二是党费的收缴必须认真登记，作为党员个人交纳党费的凭证。党支部应当每年至少向党员公布一次党费收缴情况，接受党员的监督。三是手续必须完备，在党费收缴的往来票据上，按规定要由收款人、经手人签字，立卷存档，以备查询；收缴党费要做到账账相符、账款相符。

在农村务农的党员应按什么标准交纳党费

中央组织部《关于中国共产党党费收缴、使用和管理的规定》（简称《党费收缴管理规定》）第六条规定：农民党员每月交纳党费0.2～1元。学生党员、下岗失业的党员、依靠抚恤或救济生活的党员、领取当地最低生活保障金的党员，每月交纳党费0.2元。《中共中央组织部关于对党费收缴工作中几个具体问题的问答》中指出：考虑到不同地区农民收入存在较大的差异，《党费收缴管理规定》对农民党员每月交纳党费标准提出0.2～1元的弹性要求。对农民党员交纳党费的具体标准，由各省、自治区、直辖市党委组织部根据本地农民收入的实际情况确定。农民党员交纳党费0.2～1元的规定，主要适用于在农村中从事普通农牧渔业生产的农民党员。

对于外出务工经商和承包集体林地、果园、鱼塘等经营项目的农民党员，由本人申报月平均收入，自觉参照《党费收缴管理规定》第二条规定交纳党费，即每月工资收入（税后）在3000元以下（含3000元）者，交纳月工资收入的0.5%；3000元以上至5000元（含5000元）者，交纳1%；5000元以上至10000元（含10000元）者，交纳1.5%；10000元以上者，交纳2%。

对于领取定额补贴的村干部党员，参照按月领取工资的党员交纳党费的办法交纳党费。

流动党员外出期间应按什么标准交纳党费

流动党员外出期间交纳党费的标准，对在流入地就业的，参照《党费收缴管理规定》第一条、第二条规定执行（具体标准见本书上一个问题）；对未就业的流动党员，其中有固定收入的，仍按其原交纳党费的标准执行，没有固定收入的，按每月不低于0.2

元的标准交纳党费。

流动党员外出期间一般应向流入地党组织交纳党费。由流出地党组织在流入地建立党组织并进行管理的流动党员，外出期间一般应向在流入地建立的党组织交纳党费；由流出地党组织委托流入地党组织管理的流动党员，外出期间一般应向流入地党组织交纳党费。因外出地点变动频繁而未能落实接收组织关系单位的流动党员，可向流出地党组织交纳党费，也可在落实接收组织关系单位后，向流入地党组织补交党费。

对于尚未落实就业去向，按有关规定将党员组织关系保留在原读学校党组织的学生党员，仍向原就读学校党组织交纳党费，其交纳党费的数额，按在校学生党员交纳党费标准执行。

如何处理因故未交党费的党员

凡有工资收入的党员应当按规定足额交纳党费。所谓足额，就是根据个人的实际收入，按照规定的基数和比例交纳，不允许少交党费（经党支部研究，报上一级党组织批准少交或免交的除外）。党员如果未经党组织同意而少交党费，应当受到严肃的批评教育，并限期改正，经批评教育仍不改正，情节严重的，应给予必要的组织处理。对无正当理由，连续六个月不交纳党费的党员，应当按党章第九条“党员如果没有正当理由，连续六个月不参加党的组织生活，或不交纳党费，或不做党所分配的工作，就被认为是自行脱党。支部大会应当决定把这样的党员除名，并报上级党组织批准”的规定作出处理。具体来讲，就是所在支部委员会要认真调查研究，查清党员未交党费的真正原因，如实提交支部大会讨论，并允许本人申辩。经讨论，如认为属于自动脱党者，应当决定予以除名，并将支部大会的决议报上级党组织批准。

五　做好新时期党的群众工作

1. 保持党同人民群众的血肉联系

乡村振兴工作中如何处理好干群关系

发挥农民群众乡村振兴的主体作用，处理好干群关系要注意

如下几个方面：

第一，要增强与农民的感情。农民说得好：真心比黄金更宝贵，真情比实物更重要。农村党员干部只有“像鸬鹚沉到水底”，才能真正与农民建立鱼水深情。

第二，要不断解放思想，更新观念。要实现乡村振兴，必须先解决思想上的问题，学会运用习近平新时代中国特色社会主义思想分析问题，领会中央乡村振兴的精神并结合实际指导工作，进一步解放思想，更新观念，破除小农意识。

第三，要学习党的方针政策，精通农村各项政策。用政策教育群众，在政策范围内解决问题。近些年来，中共中央、国务院就乡村振兴出台了系列文件，中央经济工作会议、国务院工作报告都有乡村振兴的工作部署，老百姓发自内心地拥护党和政府。我们要做好群众工作，关键就要抓好乡村振兴政策的落实。

第四，要树立奉献精神。农村党员干部要主动自觉地加强党性修养和锻炼，确立马克思主义的世界观、人生观、价值观和正确的权力观，自觉坚持党的宗旨不动摇，坚持把农民群众的冷暖挂在心中，兢兢业业，脚踏实地，甘于吃苦，勇于奉献。

第五，要讲实话干实事。“讲实话”就是要求农村党员干部说话直截了当、开门见山，直击要领，贴心温暖，让农民朋友听了有盼头，听了有信心，听了有愿景，听了方向明。讲实话得人心，敢不敢讲实话实质上就是有没有将农民当朋友、当亲人、当主人。“干实事”就是要求农村党员干部眼睛要向下。毛泽东同志说："没有眼睛向下的兴趣和决心，是一辈子也不会真正懂得中国的事情的。" "眼睛向下" 的农村党员干部，必须会深入农民进行调研决策，必然会把农民的冷暖安危记挂在心。干实事还要乐于办"小事"。农村党员干部要善于"以小促大"，抓住农民朋友关注的热点、焦点、难点问题，从"小处" 入手，推动影响全局性问题的有效解决，确保让群众持续得实惠。用干部的"辛苦指数"，换取群众的"幸福指数"。

完善制度，健全网络，构建党员服务群众的长效机制

群众工作路线，是我们党的根本工作路线。构建党员联系和服务群众工作体系，是将党的群众路线落实到工作中去的重要保障。党的二十大报告指出，各级党组织要履行党章赋予的各项职责，把党的路线方针政策和党中央决策部署贯彻落实好，把各领域广大群众组织凝聚好。同时指出，全党要坚持全心全意为人民服务的根本宗旨，树牢群众观点，贯彻群众路线，尊重人民首创精神，坚持一切为了人民、一切依靠人民，从群众中来、到群众中去，始终保持同人民群众的血肉联系，始终接受人民批评和监督。那么作为党的农村基层组织，如何构建党员联系和服务群众的工作体系呢?

由于党的农村基层组织所处的枢纽地位、所承担的重要职责和所具有的特殊影响，决定了加快构建党员干部联系和服务群众工作体系显得尤为迫切和重要。具体来讲，应从以下几个方面入手：

第一，要强化思想认识。要认识到构建党员干部联系和服务群众工作体系，是党员践行党的宗旨的内在需要，是履行基层党组织职能的有力保证，是基层党组织发挥作用的重要载体，要自觉把这项工作抓好。

第二，健全服务网络。要整合农村党建、文化民政、扶贫等公共服务资源，完善便民服务中心建设，完善硬件设施。加强村组便民服务网络建设，大力推进村级组织活动场所建设和农村党员干部现代远程教育站点建设，在行政村（社区）建立“一站式”便民服务站和便民服务代办点。在村民小组或自然村（片区）建立民情直报点和服务群众工作联系员，在村民小组的党员户中设立党员中心户。

第三，要建立长效机制。要完善联系点制度。落实乡镇党政领导挂点联系村（社区）、乡镇党员干部挂点联系村民小组制度。在乡镇党委委员、乡镇党代表、村（社区）党组织班子成员之间，按照工作职责、所在区域等不同情况，建立覆盖各个层面的责任区。

第四，要创新工作方法。要畅通公共服务信息渠道。建立基层党务政务公众服务网，开通“书记信箱”“乡镇长信箱”。在村（社区）建立民情恳谈室，定期组织召开民情恳谈活动，发放征求意见建议问卷，广泛征集农民群众的意见建议，建立群众需求分类档案。积极开展“便民服务车”进村入户服务、农忙季节“夜市服务”、上门服务、“民情联系卡”等，尽最大可能向群众提供快捷、便利的服务。选定一批乡镇干部为全程代理员，聘请一批村干部为服务联络员，为服务对象在乡镇与村之间实施全方位、全过程的服务，努力确保群众办事“小事不出村、大事不出乡”。

下到群众身边去，下到“田间地头”去

实践早已证明，人民群众是我们党的力量源泉和胜利之本。能否始终保持和发扬同人民群众的血肉联系，直接关系到我们党和国家的盛衰兴亡。“一切为了群众，一切依靠群众，从群众中来，到群众中去”的群众路线，是我们党的根本路线，也是我们党的优良传统和政治优势。

要做好新形势下的群众工作，农村党员干部光坐在办公室，等、靠、要行不行？肯定不行。俗语说得好，“到什么山头唱什么歌”，农村最大的“山头”就是“田间地头”。农村党员干部联系群众要多到“田间地头”。毛泽东把共产党人比作“种子”，把人民喻为“土地”，并强调“种子”只有深入“土地”才能发生作用。习近平总书记在甘肃调研时强调，要多到群众最需要的地方去解决问题，多到发展最困难的地方去打开局面。做好农村的群众工作首先是干部要下去，下到群众身边去，下到“田间地头”去。

农村广大党员干部只有深入农村农户家中联系群众，到田间地头服务群众，与贫困群众结成帮扶对子，与乡邻乡亲同吃同住同劳动，才能在访贫问苦中拉近党群关系，在同甘共苦中贴近心灵距离，进一步增强农村党员干部工作的社会影响和透明度，使广大农民朋友更加了解村级党务工作、政务工作的进展和基本任务，更加主动地支持农村基层工作的开展。因此，广大农村党员干部要多走街串巷、多到“田间地头”，让脚沾满灰尘，让心装满农民朋友，用真心换取真情，用泥腿丈量民情，真实掌握农民朋友的所思、所盼、所忧，准确地把基层一线的心声反馈上来、诉求反映上来、难题汇总上来、智慧集中上来。

2. 做好农民群众思想政治工作

做好农民群众思想政治工作，激活乡村振兴主体的积极性和主观能动性

广大农民群众是乡村振兴的主体，乡村振兴工作同样需要农村党员干部做好农民群众的思想政治工作。思想政治工作本质上是宣传群众、教育群众、引导群众、提高群众的工作，做好农民群众的思想政治工作，就意味着激活了乡村振兴主体的积极性和

主观能动性。要摸准把好农民群众的思想脉搏，群众的抵触情绪有时不仅是因为他们的物质利益受到了损害，也有可能是因为他们的权益没有得到尊重，如依法管理集体事务的知情权、建议权、监督权等。要端正对群众的态度，尊重群众，相信群众，听民声，谈民情，忧民愁，解民忧。

第一，要充分结合干部包村等工作，积极开展宣传教育活动。

第二，充分利用村庄、社区办公活动场所加强对群众的教育培训。一方面，要根据大多数群众的普遍愿望，沟通协调或聘请有关部门的技术骨干、专家为群众开展相关技能培训，提高群众发家致富的能力。另一方面，要以群众喜闻乐见的形式开展各种教育活动，不断提高群众的认识水平和判断能力。

第三，坚持“从群众中来，到群众中去”的群众工作路线，以维护群众利益为根本出发点，切实深入到群众中去，下力气解决难点问题，尤其是贫困人口的生活问题，帮助贫困群众尽快走出困境。

做好农村思想政治工作应重点抓好的几个方面

农村思想政治工作，既有一般思想政治工作的共性，也有其特殊性，要结合农民思想实际，重点抓好以下几个方面内容：

第一，深入推进习近平新时代中国特色社会主义思想和党的基本路线教育，广泛进行爱国主义、集体主义、社会主义和艰苦奋斗精神的教育。要密切联系农业供给侧结构性改革和建立健全城乡融合发展体制机制等乡村振兴的理论和实践问题，增强思想政治工作的针对性和实际效果。

第二，加强形势政策教育。深入推进国际国内形势教育，引导农民群众了解改革开放和社会主义现代化建设中的有利条件和不利因素，在形势好的时候看到问题，不盲目乐观；在遇到困难挫折的时候看到光明，不悲观失望，增强农民群众克服困难的信心，树立必胜的信念。

第三，加强马克思主义唯物论和无神论教育，以及科学知识、科学思想、科学方法和科学精神教育。普及与群众日常生活密切相关的自然科学、医疗卫生、科学健身和生老病死等知识，引导农民群众掌握科学的世界观和方法论，增强识别和抵制封建迷信及各种伪科学的能力。

第四，加强社会主义市场经济知识教育。教育引导农民群众树立与新形势要求相适应的思想观念，帮助农民群众学习掌握发展市场经济的本领，增强改革开放意识、市场意识、竞争意识、风险意识、民主法制意识、科学意识、可持续发展意识。

第五，加强民主法制和维护社会稳定的教育。要坚持不懈地加强民主法制教育，普及宪法和法律知识，引导农民群众增强法制观念，依法办事、遵纪守法，不参加非法组织，不参与危害社会公共秩序的活动，坚决同一切违法行为作斗争。要使广大农民群众认识到没有稳定什么事情都干不成，自觉维护改革发展稳定的大局。

第六，加强社会公德、职业道德和家庭美德教育。以为人民服务为核心，以集体主义为原则，以诚实守信为重点，加强社会公德、职业道德和家庭美德教育，引导农民群众在遵守基本行为准则的基础上，追求更高的思想道德目标。

3. 处理好群众纠纷和农民上访

农村党员干部调解村民纠纷的技巧

当前，农村因家庭、邻里、婚姻、继承、抚养、礼仪、财产、生活等引起的矛盾纠纷日益增多。面对这些非常复杂、千头万绪的矛盾纠纷，农村党员干部要积极探索人民调解工作的新思路、新途径，不断总结、完善方法和技巧，总结出比较实用的方法，有效提高解决矛盾纠纷的效率，为乡村振兴保驾护航。

第一，要有公平之心。农村党员干部在处理矛盾中一定要摆正自己的姿态，放正自己的位置，一定要有公正之心，做好农民朋友的一杆秤。

第二，要对症下药。要本着“矛盾不加剧、纠纷不出村”的原则，对症下药、灵活机动地做好矛盾纠纷的调处工作，防止矛盾纠纷“滚雪球”，进一步激化。首先采取有效的办法和策略，制止事态扩大和蔓延。然后依照法律法规，对双方当事人分别耐心细致地做思想工作，待双方心平气和，抓住有利时机，及时进行调解。而当双方当事人刚愎自用，固执己见，争强好胜时，要采用“换位思考法”，启发双方当事人转换角色，换位思考。然后，循循善诱，因势利导进行调解。

第三，要巧用妙语。实际工作中，处理村民矛盾纠纷之类的事情，最好的“武器”就是语言，有时候往往一句得体的话语就能打动双方。农村党员干部要深谙当地的风土人情、生活习惯，掌握处理纠纷的主动权。

第四，要借用外力。在长期的生活中，长辈及村干部在村民的心目中有一定威望，对于赡养、家庭、抚养等类型的矛盾纠纷，可以联合双方都尊崇的德高望重者协助调解处理。

第五，要实地处理。“现场办公”才能真正、全面了解情况，避免“一家之言”，但同时也要注意做好预处理，在没完全处理好之前要防止矛盾进一步激化，先要缓和双方情绪。

第六，要提升素质。随着农村各项改革的不断深化和农村社会经济形势的不断发展，村民的思想观念、思维方式都发生了深刻的变化，农村中常见的纠纷也相应出现了一些新特点，农村党员干部的思想素质也要有相应的提高。

第七，要做好纠纷的善后工作。要投入时间、精力去看望、慰问，及时了解双方当事人事后的想法，如果有问题的要及时沟通，开导思想。

党的信访工作的主要内容

党的信访工作，是指党员或公民通过来信来访或者其他形式向党组织反映问题、提出建议、投诉或控告的活动。党的信访工作与其他信访活动不同，它不是一种国家活动，主要针对的对象是党员，依据的规定是党内的各种法规和政策，不是国家法律，这些都体现出了党的信访的特殊性。党内负责信访工作的部门是党的纪律检查委员会。党的信访工作的内容包括两个方面：

第一，党员的信访。根据《中国共产党章程》的规定，党员有向党的上级组织直至中央提出请求、申诉和控告，并要求有关组织给予负责的答复的权利，这是关于党员信访权利的原则性规定。除此之外，《中国共产党党员权利保障条例》也规定党员在政治、工作、学习等方面遇到重要问题需要党组织帮助解决的，有权向本人所在的党组织、上级党组织直至中央提出请求。党员对于党组织给予本人的处分、鉴定、审查结论或者其他处理不服的，有权向本人所在的党组织、上级党组织直至中央提出申诉；党员认为党组织给予其他党员的处分、鉴定、审查结论或者其他处理不服的，有权逐级向党组织直至中央提出意见。党员的合法权益受到党组织或者其他党员侵害时，有权向本人所在的党组织、上级党组织直至中央提出控告。党员有权要求有关党组织对其提出的请求、申诉和控告给予负责的答复。

第二，群众的信访。作为非党员的群众也可以对党组织提出建议，或者对党员干部的违法违纪行为提出检举控告。群众的信访能对党员起到很好的监督作用。

学会与农民群众沟通，预防和减少农民上访

要综合运用法律、政策、经济、行政等手段和教育、协商、协调、疏导等办法，提高信访工作的针对性和有效性。学会与农民群众沟通，用农民群众听得懂、易理解的语言与其交谈，用农民群众乐意接受的方式与其交流。

第一，深入推进农村村务公开、党务公开制度。在乡村振兴推进中要始终坚持平等、公平、公正的原则，及时制定和完善一些相关的政策，充分发挥好基层党组织民主生活会、村干部述廉评廉会、民主听证会的作用，做到农村村务公开、党务公开，强化对农村党员干部的党内监督、民主监督，增强工作的透明度，消除群众的疑虑，使群众真正拥有知情权、监督权、重大事项参与权，切实维护农民群众的利益，在源头上减少群众上访。

第二，强化对农民群众的法制宣传，并教育农民群众如何进行合理合法的利益申诉，使广大农民群众能依法参与管理社会事务，依法维护自身合法权益。如加大信访宣传力度，引导农民群众有序上访。一方面，采取多种形式进行宣传引导。通过电视、广播等形式，向农民群众宣传《信访工作条例》等有关信访举报的规定，引导农民群众正确上访。另一方面，在接待农民群众来访中，及时把党的政策，特别是将处理人民群众来信来访的方针、原则、制度等给农民群众讲清楚，根据不同的问题，摆事实，讲道理，引导其正确对待，最终求得思想上统一，认识上一致，从而规范信访秩序，切实提高办理信访问题的效率。

第三，重视超前工作，建立上访信息收集机制，强化信访隐患查处。要在多层信访网络的基础上，通过定期不定期地排查矛盾、接待来信来访、其他机关和部门分流转交、上级交办信件等多种渠道，按照“属地管理，分级负责”的原则积极开展隐患排查，对倾向性、苗头性、预警性信息和已发生的上访信息进行广泛收集排查，做到关口前移，未雨绸缪，防患于未然。

第四，加大责任追究和打击力度。一方面，要明确界定每个岗位的责任范围，对在检查中出现的失职渎职引发大规模集体上访或群体性事件，造成严重影响的，严肃追究党纪政纪责任，以严格的责任追究促进工作落实，推动问题解决。另一方面，要加大对无理缠访缠诉及一些宗派势力特别是黑社会势力的打击。在处理缠访缠诉案件中，有的单位为了求得一时的清静，作出无原则的让步，使无理缠访缠诉人得到一些好处，这在某种程度上助长了无理缠访缠诉人的气焰。对这部分人，党和政府要严肃处理，以儆效尤，情节严重的要移送司法机关处理。

学习借鉴

甘肃酒泉“四个讲堂”激发农村党员新活力

2022年3月22日《农民日报》报道，为提高农村党员教育培训的质量和实效，甘肃省酒泉市创新开设“理论讲堂”“普法讲堂”“技能讲堂”“德政讲堂”，高标准设计科目，多视角丰富内容，宽领域搭建平台，全力提升农村党员的政治素质和综合能力。

酒泉市各县区以党校为主阵地，开设“理论讲堂”，构建“党校＋乡镇＋驻村工作队＋村党组织＋先锋模范党员”的教育培训体系，依托党校组建理论宣讲团43个，深入各乡镇围绕习近平新时代中国特色社会主义思想、党的十九届历次全会精神、中国共产党党史、省市党代会精神等主题开展宣讲；结合党史学习教育，培训新任职村“两委”班子成员，进一步提升村干部的履职能力和发展能力。

酒泉市牢固树立“振兴乡村、法制先行”的理念，安排政法、司法、农业农村等部门结合工作实际，深入乡镇、村开展法律法规培训，开设“普法讲堂”，通过以案释法、以案析理等方式，教育农村党员切实增强纪律意识和规矩意识，在推动法治乡村建设上发挥了积极作用。

酒泉市积极组建“政策宣讲、科技服务、产业帮扶”三支队伍，开设“技能讲堂”，聘请农机专家开展设施种植、特色林果、科学养殖、电子商务等方面培训，引导农村党员发挥自身优势，增强自我发展内生动力；充分利用各类人才实训平台，采取专家辅导、现场观摩、驻点学习、结对指导等方式，对农村党员进行深入系统培训，切实把党员培养成农村致富的“领路人”、科学种养的“土专家”、致富增收的“示范户”。

同时，酒泉市还积极举办“德政讲堂”，围绕培育新时代新农民，依托“道德讲堂”、新时代文明实践站（点）等阵地，广泛开展社会主义核心价值观和“好婆婆”“好儿媳”先进模范事迹学习活动，在全社会营造“向先进学习、向榜样看齐”的良好氛围，带动全社会形成修身律己、见贤思齐、崇德向善、礼让宽容的道德风尚。

六　规范党内公文写作

党组织向上级党组织请示的事项

根据中共中央印发的《中国共产党重大事项请示报告条例》，请示报告制度是我们党的一项重要政治纪律、组织纪律、工作纪律，是执行民主集中制的有效工作机制，对于坚决维护习近平总书记党中央的核心、全党的核心地位，坚决维护党中央权威和集中统一领导，保证全党团结统一和行动一致，具有重要意义。如下事项党组织应当向上级党组织请示：

① 贯彻落实党中央决策部署和上级党组织决定中的重要情况和问题，需要作出调整的政策措施，需要支持解决的特殊困难；

② 重大改革措施、重大立法事项、重大体制变动、重大项目推进、重大突发事件、重大机构调整、重要干部任免、重要表彰

奖励、重大违纪违法和复杂敏感案件处理等；

③ 明确规定需要请示的重要会议、重要活动、重要文件等；

④ 重大活动、重要政策的宣传报道口径，新闻宣传和意识形态工作中的全局性问题和不易把握的问题；

⑤ 出台重大创新举措，特别是遇到新情况新问题且无明文规定，需要先行先试，或者创新举措可能与现行规定相冲突，需经授权才能实施的情况；

⑥ 属于自身职权范围内但事关重大或者特殊敏感的事项；

⑦ 重大决策时存在较大意见分歧的情况；

⑧ 跨区域、跨领域、跨行业、跨系统工作中需要上级党组织统筹推进的重大事项；

⑨ 调整上级党组织文件、会议精神的传达知悉范围，使用上级党组织负责同志未公开的讲话、音像资料等；

⑩ 其他应当请示的重大事项。

下列事项不必向上级党组织请示：属于自身职权范围内的日常工作；上级党组织就有关问题已经作出明确批复的；事后报告即可的事项；等等。

党组织应当向上级党组织报告哪些事项

根据中共中央印发的《中国共产党重大事项请示报告条例》，

基层党组织应对向上级党组织报告的事项主要有：

① 学习贯彻习近平新时代中国特色社会主义思想，统筹推进“五位一体”总体布局和协调推进“四个全面”战略布局的重要情况；

② 党中央以及上级党组织重要会议、重要文件、重大决策部署贯彻落实情况，习近平总书记重要指示批示贯彻落实情况，上级党组织负责同志交办事项的研究办理情况；

③ 加强党的建设，履行全面从严治党责任，包括集中学习教育活动、意识形态工作、党组织设置及隶属关系调整、民主生活会、党风廉政建设、落实中央八项规定精神、党员干部直接联系群众、巡视巡察整改、发现重大违纪违法问题等情况；

④ 全面工作总结和计划；

⑤ 重大专项工作开展情况；

⑥ 重大敏感事件、突发事件和群体性事件应对处置情况；

⑦ 经济社会发展中出现的重要情况和重大舆情；

⑧ 本地区、本部门、本单位工作中具有在更大范围推广价值的经验做法和意见建议；

⑨ 其他应当报告的重大事项。

下列事项不必向上级党组织报告：具体事务性工作；没有实质性内容的表态和情况反映；等等。

党组织应当按照有关规定向上级党组织报备哪些事项

根据中共中央印发的《中国共产党重大事项请示报告条例》，党组织应对向上级党组织报备的事项主要有：

① 党内法规和规范性文件；

② 领导班子成员分工；

③ 有关干部任免；

④ 党委委员、候补委员职务的辞去、免去或者自动终止；

⑤ 其他应当报备的重大事项。

向上级党组织请示事项的写法

请示是下级在工作中遇到超越自身处置权限的事项或者由于多种原因不能或者不知如何处置的事项时，向上级请求指示或者批准的公文。农村基层党组织在日常党务中，如换届、发展新党员等都需要向上级党组织请示批准。请示一般由开头、主体和结语三部分组成。开头写请示的原因；主体写请示的内容；结语，一般另起一行写“以上意见，妥否，请批示”等语句。

写请示时需要注意：首先，一份请示，一般只请示一个问题或一件事情，不宜在一份请示中同时请示两个甚至几个互不相关的问题或事情；其次，请示一般只有一个主送单位，不能多头请示，更不能越级请示；再次，必须在事情发生前进行，不能先斩后奏；最后，不要将请示与报告混淆。请示是要求上级给予批复；而报告是向上级汇报工作，反映情况，不需上级批复。两者有本质的区别。

范例

关于召开党员大会进行党支部换届选举的请示

××党总支：

我党支部是在20××年×月×日至×月×日期间，分别经过党员大会选举，20××年×月×日批复同意后产生的。根据《中国共产党章程》和《中国共产党基层组织选举工作条例》的规定，经党支部研究，拟定在20××年×月×日至×月×日期间，分别召开党员大会进行党支部换届选举。现将有关事项请示如下：

一、主要议程

1. 听取和审议本届党支部委员会的工作报告；

2. 选举××村党支部新一届党支部委员会。

二、党支部委员会组成人员名额

本届××村党支部委员会是经过20××年×月

×日党员大会选举，20××年×月×日乡党委批复同意后产生的。新一届委员会拟设委员××名，候选人××名；拟设书记1名、副书记1名，组织委员1名、宣传委员1名、纪律检查委员1名、青年委员1名、保卫（保密）委员1名。

三、选举办法

1. 党支部委员会委员，由本单位党员大会实行差额选举的办法产生。候选人的差额比例不少于20%。

2. 党支部书记、副书记由新一届党支部委员会第一次全体会议选举产生。

3. 以上选举均采用无记名投票方式。

妥否，请批示。

中共××村支部委员会

20××年×月×日

上级党组织批复的写法

批复，是指上级单位答复下级单位请示事项的一种文体，因而具有权威性、针对性、鲜明性和实践性的特点。一般由首部、正文和尾部三部分组成。正文开头一般要写明请示单位来文的日期、标题和文号，如“20××年×月×日《关于××同志按期转为正式党员的请示》（×发〔20××〕×号）收悉”。也可从简，如“×发〔20××〕×号请示收悉”或“《关于××同志按期转为正式党员的请示》收悉”。然后再对请示的问题作出明确的答复。如不同意请示单位提出的意见，一般应讲述一些理由。批复的内容一定要写得明确、具体，不可含糊其辞。最后，另起一行用“此复”或“特此批复”等词句作结束语。

需要注意的是：如果来文请示的单位是受双重领导的，下达批复的上级单位应主动将批复抄送给下级单位的另一个上级单位，以便他们了解这方面的情况。如果批复的问题带有普遍意义，或者同其他下级单位有密切的关系，就要同时抄送给有关下级单位，也可把原“请示”作为附件，随批复一起下达。特别是需要下级有关单位参照执行的，更需要这样做。

范例

关于同意××同志预备党员

按期转正的批复

××村党支部：

你支部报来的《关于××同志按期转为正式党员的请示》收悉，经党委会议研究，同意××同志按期转为中共正式党员，转正日期为20××年×月×日，党龄计算时间从转正之日算起。

特此批复。

中共××镇委员会

20××年×月×日

组织鉴定的写法

组织鉴定是基层党组织对党员或青年在一段时间内的思想、学习、工作等方面情况所作的评价。组织鉴定一般由标题、正文和落款三部分组成。正文通常包括主要表现和工作成绩（政治态度、理论学习、组织观念、完成工作、遵纪守法、群众威信、受奖情况等）、主要问题和缺点（主要从思想作风、工作态度、组织观念、能力素质等方面客观分析被鉴定对象存在的缺点和不足）、努力方向及希望要求（指出改进的地方）等三方面内容。

组织鉴定写作要注意以下几点：一是慎重负责。组织鉴定代表着党组织的态度，直接关系到被鉴定者的切身利益和今后的成长进步。因此，撰写时一定要以严肃慎重的态度，本着对组织和个人负责的精神去进行，切不可应付了事。二是内容真实。写组织鉴定既要防止故意拔高，夸大成绩；又要防止故意贬低，夸大问题和缺点。严禁在组织鉴定材料中掺杂个人感情的东西。三是防止千篇一律。不能因工作量大而图省事，不负责任地搞“通用型”的鉴定。四是要同本人见面。组织鉴定材料最终要归入被鉴定者的档案，长期保存。因此，组织鉴定必须要同本人见面。被鉴定者如对鉴定持有不同意见可以提出，党组织应认真考虑。其意见如果正确，应采纳；如果不正确，要耐心做好说服教育工作。

范例

关于××同志的组织鉴定

××，男，20××年×月出生，大学本科学历，助理经济师职称，中共党员，现任××县××镇××职务。该同志在工作中严格要求自己，虚心学习，努力工作，一年来在政治思想、业务能力等方面有了很大进步，现对该同志一年来的思想、工作情况向组织作如实汇报。

（一）不断加强政治理论学习。该同志用党的创新理论武装头脑，坚定政治信仰，认清政治形势，明确新时期的党建任务。利用空闲时间自觉学习党史资料、认真研读历届党代会报告，在学习过程中注重积累和运用，能够做到理论联系实际，理论指导实践，并在理论学习的连贯性和系统性上下功夫，通过学习增强了辨别是非的能力，提高了政治敏锐性和政治鉴别能力。坚决执行党的路线，拥护党的领导，服从工作安排，兢兢业业，默默奉献。

（二）不断提高业务能力水平。该同志勤奋好学，熟悉党务工作，有较强的事业心和责任感，进入角色快。该同志年轻、有朝气，较为系统地掌握了组织工作流程和相关制度，能虚心向单位的领导同事请教，积极发挥专业特长，在工作中能够做到眼勤、嘴勤、手勤。

（三）不断提高组织协调能力。该同志积累了一定的工作经验，履职情况较好，能吃苦耐劳，做任何一项工作都能以高标准、严要求约束自己，及时高质量地完成各项工作任务。在××村拆迁工作中被抽调到一线做群众工作，敢于承担责任，顾全大局，识大体，注重实践，讲求效率，善于抓住主要矛盾和关键环节，善于做好群众工作。在工作中，能认真搞好对上对下的协调服务工作，努力在工作中尽己所能为领导分忧。

（四）严格遵守廉洁自律纪律。作为组工干部，始终牢固树立“淡泊名利，甘为人梯”的思想，铭记“正人先正己、做官先做人”的信条，切实加强自身的廉洁自律意识。能严格执行党纪条规。严格执行党员干部廉洁自律的规定，不利用职权和职务便利谋取不正当个人利益。

中共 ×× 乡党委

20×× 年 × 月 × 日

党纪处分决定的写法

党纪处分决定，是指党组织根据党章党纪等有关规定，给犯错误党员以纪律处分的书面材料。标题要写明是什么组织、给什么人、什么错误的处分决定。正文一般写受处分人的基本情况（包括姓名、性别、出生年月、民族、籍贯、家庭出身、本人成分、文化程度、参加工作年月、入党年月、简历以及现在工作单位和党内外职务等）、所犯错误的主要事实（即错误发生的时间、地点，错误的主要情节，造成的后果及本人应负的责任等）、受处分人的态度（即本人对错误的认识和态度及悔改的具体表现）以及处理意见（即党组织对其错误的分析和作出的结论，给予什么处分以及讨论表决的结果）。

党纪处分决定写作需要注意的问题：一是凡写进处分决定的错误事实和情节，必须是经查证和核实的。二是对错误事实、情节、责任的表述要恰如其分，不夸大、不拔高、不粉饰、不缩小，不作无根据的推论，不无限上纲。集团性案件，要在统一的调查报告的基础上，按人分别写出处分决定。三是语言要简练、通顺，用词要准确、无误。

范例

中共××县××街道工作委员会关于给予刘××同志留党察看一年处分的决定

××党支部：

刘××，男，20××年×月×日出生，××县人，汉族，初中文化，20××年×月加入中国共产党，家住××区××街道小区××号楼××室。

20××年×月×日×时×分许，刘××酒后驾驶某某牌型客车行驶到××区市府大道与前丁街交叉路口被执勤交警查获，抽血检验其血液中酒精含量为92mg/100ml。20××年×月×日，刘×被××市公安局××分局刑事拘留，同月×日取保候审。20××年×月×日，公安机关以刘××涉嫌危险驾驶罪向××区人民检察院移送审查起诉。

20××年×月×日，××市××区人民检察院作出不起诉决定书：刘××违反道路交通运输管理法议的法规，醉酒在道路上驾驶机动车，其行为已触犯《中华人民共和国刑法》第×条，构成危险驾驶罪。但刘××醉酒驾驶未造成严重后果，认罪态度好，具有悔改表现，犯罪情节轻微，根据《中华人民共和国刑法》第×条之规定，不需要判处刑罚。依据《中华人民共和国刑事诉讼法》第×条第×款之规定，决定对刘××不起诉。

刘××同志身为中共党员，违反国家法律法规规定，情节严重。依照《中国共产党纪律处分条例》第×条第×款之规定，中共××街道纪工委会议20××年×月×日决定，并经中共××街道工作委员会会议20××年×月×日同意，给予刘××同志留党察看一年处分。

本决定自20××年×月×日起生效，如不服本处分决定，可向本委或上级党组织提出申诉。

中共××区××街道工作委员会

20××年×月×日

党的委员会工作报告

党的委员会向同级党代表（党员大会）报告工作，并接受审议，是党的委员会必须履行的职责，也是党代表大会（党员大会）的重要议程。

党的委员会工作报告的主要内容包括三个方面：一是回顾和总结党的委员会在任期内的工作，肯定成绩，找出存在的问题，总结经验教训；二是提出今后一个时期的主要工作任务及完成这些任务的措施和建议；三是号召党员为完成今后的工作任务和奋斗目标努力。

应注意的问题：一是工作报告要有明确的指导思想；二是要突出强调加强党的建设；三是要坚持实事求是的原则，从本单位的实际情况出发，体现本单位的特点；四是要深入调查研究，充分听取方方面面的意见；五是党委主要负责同志要亲自主持，既要组织开好党的委员会全体会议，统一思想，统一认识，又要亲自调查研究。报告初稿形成后，要印发所属党组织或组织党员进行讨论，听取各方面的意见，进行反复修改，最后提交党的委员会全体会议讨论通过。

范例

中共 ×× 镇委员会工作报告

各位代表（委员）：

大家好。下面，我代表中共 ×× 镇委员会向大会作工作汇报。请审议！

一、20×× 年工作回顾

（一）增强“四个意识”，坚定“四个自信”，坚决做到“两个维护”

1. 加强学习，稳步推进“党内凝聚力”工程。……

2. 思想政治工作扎实推进。……

3. 基层组织建设扎实有效。……

4. 党风廉政建设扎实增强。……

（二）全面促进经济结构调整和发展方式转变，进一步提升经济发展水平

1. 树立发展信心，优化发展环境，确保工业经济和第三产业平稳持续发展。全年预计实现工业总产值 ×× 亿元……重点抓了以下几方面工作：

一是尽力帮助企业树立发展信心。……

二是合力营造良好发展环境。……

三是大力实施创新创牌倍增计划。……

2. 完善提升 ×× 产业，发展壮大生态农业，确保农民丰产增收。突出抓了以下几方面工作：

一是突出抓好农业产业集聚升级。……

二是突出抓好农业基础设施建设。……

三是突出抓好 ×× 文化旅游产业。……

四是突出抓好农业科技信息推广应用。……

（三）紧紧围绕省级卫生镇创建目标，进一步推进民生工程建设

我们将创建省级卫生镇作为重点工作，全镇上下齐心协力，求真务实，切切实实地通过创建为老百姓办实事，办好事，取得了创建成功和民生改善的“双赢”效果。主要表现在：

1. 人居环境不断改善，土地保护利用得到加强。……

2. 社会事业不断进步，文明程度明显提升。……

3. 社会保障不断完善，扶贫帮困面逐步扩大。……

（五）扎实推进平安建设，进一步改善和谐稳定的人居环境

1. 创新维稳信访基层基础工作。……

2. 加强社会治安防控体系建设。……

3. 强化联动处置机制。……

同志们，在这非同寻常的一年里，我们的发展遇到了许多难以预料的困难，我们共同经历了许多前所未有的考验。在各种挑战和压力之下，全镇经济社会发展能取得上述成绩，是全镇各级党组织和广大干部群众齐心协力、攻坚克难、顽强拼搏的结果，实属来之不易，应当倍加珍惜。在此，我代表镇党委向大家表示衷心的感谢和崇高的敬意！

在充分肯定成绩的同时，我们也清醒地认识到工作中存在的问题和不足。主要表现在以下四个方面：

一是当前我镇经济发展受全球金融危机的影响正在逐步加大……；二是财政收支不平衡……；三是确保一方平安，协调各方利益，日益成为构建和谐社会的巨大压力……；四是加强广大党员干部的政治思想教育任重道远……这些问题和不足，需要引起我们高度重视，并采取有效措施，切实加以改进。

二、20××年工作的目标任务措施

当前和今后一个时期，我们的经济社会发展正处于一个特殊时期。我们要深刻领会中央和省委、××

市委对形势的正确判断及决策，既要看到发展中面临着特殊的困难，又要看到危机中蕴藏着特殊的机遇，进一步增强忧患意识和发展信心……确保经济社会继续保持又好又快发展的势头。

面对新的形势，联系我镇实际，在新的一年里，我们必须坚持以……为指导，全面贯彻落实党的二十大和中央经济工作、农村工作会议精神，紧紧围绕××目标，深入开展××活动，不断加强社会管理，大力推行网格化、精细化城镇管理新模式，切实提升管理水平，全力推进经济社会又好又快发展，努力开创科学发展的新局。

20××年全镇经济社会发展的主要目标是……

围绕上述目标，在今年的工作中，我们要着力在以下四个方面下功夫：

（一）在保增促调，推进经济平稳较快发展上下功夫

一是加快推进工业经济转型升级。……

二是着力发展生态效益农业。……

三是加快实施商贸兴镇战略。……

（二）在加快基础设施建设、改善人居环境上下功夫

一是着力做好土地规划和保护。……

二是全力优化村镇人居环境。……

三是大力提升管理水平。……

（三）在强化农村社会保障、提高农村社会事业发展水平上下功夫

一是加快发展教育卫生事业。……

二是切实提升文化事业。……

三是不断完善劳动和社会保障体系。……

（四）在深化平安建设、确保社会和谐稳定上下功夫

一是深化提升维稳信访“五常法”。……

二是继续深化平安建设。……

同志们，希望我们团结一致，闻鸡起舞，日夜兼程为取得……胜利而努力奋斗。

发展党员公示

基层党组织常用的党员发展公示形式，就是通过张贴告示的方式来进行。这种告示，形式上应包括标题、正文、落款、日期；内容上应包括被公示人的基本情况、党组织的意见、公示的期限、

接收意见的单位和电话等；公示时间在上级党组织预审后，在党支部讨论吸收其为预备党员前予以公示。公示期为一周。

范例

发展党员公示书

各党支部：

经支部委员会、总支部委员会讨论同意，报组织部预审通过，拟近期发展××同志为中共预备党员，现予以公示。

××，男，××学历，现任××单位××职。20××年×月向党组织递交入党申请书，20××年×月支部确定为培养对象。

请党内外群众对该同志的政治立场、思想品质、入党动机、工作表现、勤政廉政、遵纪守法以及发展程序等予以监督。如有不同意见，请在一周内向总支部委员会和所在支部反映情况。

公示期：20××年×月×日至×月×日。

中共××工业园区总支委员会

20××年×月×日

入党介绍人意见

入党介绍人意见，是党支部全体党员讨论申请入党对象是否具备党员条件和上级党委审批党员的重要依据。入党介绍人意见由于受篇幅的限制，一般应包括三层意思：一是对被介绍人的政治思想、工作学习、作风纪律，特别是入党动机等方面的表现情况写出综合性的意见；二是指出被介绍人的不足及今后的努力方向；三是按党员标准全面衡量，表明对被介绍人能否入党的态度等。

写入党介绍人意见是一件十分严肃的事情。因此，一是要坚持党性原则，以党章规定的党员标准为尺度，绝不能只从个人意愿出发，或因某种需要“矮子里面拔大个”，降低党员标准。二是要坚持全面分析的原则，把在培养和考察过程中了解的被介绍人的思想觉悟、政治品质、现实表现和个人经历等方面的情况介绍清楚，重点要介绍被介绍人的入党动机和现实表现。三是在写明被介绍人的主要优缺点时，优点要概括得符合实际，缺点要具体，切中要害，不要只是笼统、抽象、简单地提出点希望。四是两名介绍人都要有自己的意见，不要简单地写同意上一个介绍人的意见。

范例

第一介绍人意见

××同志在政治思想上自觉同党中央保持一致，坚持四项基本原则，努力学习党的思想理论和时事政治，对党的认识明确，入党动机端正，在工作和学习中较好地发挥了先锋模范作用。对党忠诚老实，为人襟怀坦白，有为共产主义奋斗终身的决心。缺点是工作中计划性和细致性不够。用党章规定的标准全面衡量××同志，我认为他已具备共产党员的条件，我愿意介绍××同志加入中国共产党。

介绍人单位、职务或职业

签名或盖章

20××年×月×日

范例

第二介绍人意见

同意第一介绍人意见。××同志对党有明确的认识，在大是大非面前头脑清醒，立场坚定，平时能够自觉用共产党员的标准要求自己，能正确处理集体利益和个人利益的矛盾，在前段时间的学习和工作中表现出了较高的思想水平，本职工作和组织上交给的其他任务都完成得较为出色。缺点是工作中有时不够仔细。总的来说，我认为××同志已具备共产党员的条件，我愿意做××同志的入党介绍人。

介绍人单位、职务或职业

签名或盖章

20××年×月×日

支部大会通过接收申请人为预备党员的决议

支部大会通过接收发展对象为预备党员的决议，应当在支部大会讨论通过其为预备党员后，由支委会根据支部大会讨论的意见，经整理后，及时填入其入党志愿书。

支部大会通过接收发展对象为预备党员的决议内容一般包括：一是支部大会对申请入党人的基本看法和评价。这是决议的主要部分，应着重写好。填写时，不能只写其工作方面的表现，而应根据党员条件，对其入党动机、思想觉悟、政治品质、工作表现等方面进行全面的评述。要注意写明申请人的入党动机是否端正，对党的认识是否明确，政治态度、思想觉悟、理想信念如何，以及工作、学习、作风、纪律等方面的表现情况，按照党员标准衡量还有哪些缺点毛病等。优点部分可以简略，但一定要写明不足之处，不能以提“希望”的方式代替。二是支部大会讨论的日期和结论性意见，如“支部大会于20××年×月×日讨论了××同志的入党申请。大会认为，××同志已基本具备党员条件，同意接收为预备党员”。三是支部大会出席情况、表决的方式和结果，如“支部有表决权的党员×名，应到会×名，实到会×名；经举手表决，×票赞成，×票反对，×票弃权，一致同意接收××同志为预备党员”。四是署名和日期。正文下面要写上支部大会的名称和年月日。党支部书记要在指定栏目内签名并盖章。

范例

支部大会通过接收申请人为预备党员的决议

党支部于20××年×月×日召开党员大会研究了××同志的入党申请。大会认为，××同志自20××年×月×日向党组织提出入党申请以来，自觉用党员标准严格要求自己，认真学习党的基本理论、基本路线和基本方略，不断提高对党的认识和政治理论水平，入党动机端正；担任 ××，工作负责，成绩突出，在群众中享有较高的威信。经审查，该同志政治历史清白，家庭成员及主要社会关系政治历史清楚，无重大历史问题。主要缺点：工作中不够细致。支部大会经过讨论认为，×× 同志已基本具备党员条件，同意接收其为预备党员。

支部大会应到会有表决权的正式党员 × 名，实到会 × 名。大会采用举手（或无记名投票）的方式进行表决。表决结果：× 票赞成，× 票反对，× 票弃权。

支部名称

支部书记签名或盖章

20×× 年 × 月 × 日

支部大会通过预备党员转为正式党员的决议

支部大会通过预备党员转为正式党员的决议，应当在支部大会讨论通过后，由支委会根据支部大会讨论的意见，经整理后，及时填入其入党志愿书相应的栏目内。它是入党志愿书的重要组成部分，也是上级党组织审批党员的主要依据之一。

填写的内容主要有：支部大会讨论的日期；支部大会对其基本看法和评价；支部大会讨论的结论性意见（同意按期转正的，应写明“按期”两字；如果延期转正，应写明延长预备期的理由，延长预备期的时间和起止日期；如取消预备党员资格，应写明取消预备党员资格的原因并注明取消其预备党员资格），以及支部大会出席情况、表决的方式和结果。

范例

党支部大会关于吸收 ×× 同志为中共预备党员的决议

×× 支部于20×× 年 × 月 × 日召开了全体党员大会，讨论了 ×× 同志的入党申请。经充分讨论，与会同志认为，×× 同志向党组织提出入党申请以后，努力以实际行动争取早日成为一名光荣的共产党员。他认真学习了党的基本知识，及时向党支部汇报自己的思想，不断提高自己的思想觉悟，对党的认识明确，入党动机端正，在政治思想上自觉和党中央保持一致。他能够自觉用共产党员的标准要求自己，正确处理集体利益和个人利益的矛盾，积极参加各项集体活动，乐于助人，工作学习等各方面表现都较为突出。不足之处是：性格急躁，做思想政治工作不够耐心。

经支部审查 ×× 同志的个人历史、直系亲属和社会关系的政治情况清楚，现实表现符合共产党员的标准。经支部大会充分讨论，同意接受 ×× 同志为中共预备党员。

表决结果：本支部共有党员 ×× 名，其中有表决权的正式党员 ×× 名，到会 ×× 名，经举手表决，一致同意接收 ×× 同志为中共预备党员。

支部名称

支部书记签名或盖章

20×× 年 × 月 × 日

入党志愿书中上级党组织对申请人入党的意见和谈话情况

入党志愿书“上级党组织指派专人进行谈话情况和对申请人入党的意见”栏内，主要填写：与申请人谈话的情况；对申请人的基本看法（通过谈话，并结合谈话前对申请人入党材料的审阅和调查核实所获得的情况，对申请人总的印象和评价，以及存在的主要缺点）；对申请人入党的意见（要写明入党申请人是否具备了共产党员的标准，是否符合入党条件，入党手续是否完备，要明确写上是否同意其入党的意见）。

范例

上级党组织入党谈话人意见

受党委指派，×月×日与××同志进行了谈话。谈话内容主要是了解其对党的认识、入党信念、入党动机、思想觉悟和对党的基本知识掌握情况，以及对待入党的态度和决心等，并有针对性地对其进行教育和指点。

通过谈话和审阅其入党材料，我们认为该同志对党的认识正确，具有一定的思想觉悟，入党动机端正，有为党的事业奋斗终身的决心。该同志思想作风正派，学习刻苦，热心公益活动，有奉献精神。该同志的缺点是有时处理问题不够冷静，过于主观和自信。

综上所述，我们认为××同志已基本符合共产党员标准，具备入党条件，材料完备，手续健全，建议党委讨论审批。

谈话人签名盖章

20××年×月×日

接收预备党员的审批意见

经党委会讨论批准发展对象为预备党员后，应及时将党委会讨论的意见填入其入党志愿书“党委审批意见”栏。要写明预备期的期限和起止日期，党委书记要在审批意见下方签名盖章，并填上审批的日期，然后盖上党委公章。

经县以上党委授权审批党员的党总支，在填写审批意见时，还应写明是由哪一个党委授权的，或由上级党委在其“党委审批意见”栏中签注“经党委研究决定授权 ×× 总支委员会审批接收党员”字样，并注明时间，加盖印章。

需要注意的事项：一是预备期的起算日期，除特殊情况由党委（党总支）确定外，一般应填写支部大会通过之日；二是对支部大会通过的日期要进行确认，不能轻易把支部书记在支部大会决议后面签名盖章的日期视为支部大会通过之日，因支部书记签名盖章的日期常常滞后于支部大会通过的日期；三是预备期的起止日要对应，如“自 20×× 年 7 月 1 日起至 20×× 年 6 月 30 日止”。

范例

党委审批意见

经党委会讨论，批准 ×× 同志为中共预备党员，预备期一年（自20×× 年10月6日起至20×× 年10月5日止）。

党委盖章、党委书记签名盖章

20×× 年 × 月 × 日

支部大会通过延长预备党员预备期的决议

支部大会通过延长预备党员预备期的决议，应当在支部大会时论通过后，由支委会根据支部大会讨论的意见，经整理后，及时填入入党志愿书相应的栏目内。填写的内容主要有：支部大会讨论的日期；预备期间存在的主要缺点和问题；延长预备期的时间和起止日期；支部大会出席情况、表决的方式和结果。

范例

关于延长 ×× 同志预备期的决议

支部大会于20××年×月×日讨论了××同志的转正申请，经支部大会讨论，认为××同志在预备期间，不能以党员标准严格要求自己，造成不良影响。这表明他的觉悟还不够高，还不完全具备党员条件。但鉴于他对自己的问题已有认识，并决心改正，经支部大会讨论，决定延长××同志的预备期一年（自20××年×月×日起至20××年×月×日止）。

支部大会有表决权的党员应到会××人，实到会××人。大会采取无记名投票的方式进行了表决。表决结果：××票赞成，××票反对，××票弃权。

支部名称

支部书记签名或盖章

20××年×月×日

支部大会通过取消预备党员资格的决议

支部大会通过取消预备党员资格的决议的写法，同支部大会通过延长预备期的写法基本相同，只需把延长预备期的结论改为取消预备党员资格即可。

需要注意的是，主要内容要分两部分来写：一是要充分肯定成绩；二是要如实写清存在的问题，这也就是取消其预备党员资格的理由。因此，一定要写得充分具体，实事求是。

范例

关于取消××同志预备党员资格的决议

支部大会于20××年×月×日讨论了××同志的转正申请，经支部大会讨论，认为××同志在预备期间，不能以党员标准严格要求自己，并在学习贯彻党的二十大精神过程中故意散布谣言，积极参加当地封建迷信活动，造成恶劣影响。这表明他完全不具备党员条件。且经组织谈心教育，仍然认识不到自身存在的问题。经支部大会讨论，决定取消××同志的预备党员资格。

本支部共××名党员，全部到会，都有表决权，经举手表决，一致同意取消××同志的预备党员资格。

支部名称

支部书记签名或盖章

20××年×月×日

后 记

2022 年初，有幸应主编何丞先生的邀约，一起承担《乡村党务工作百事通》的编写任务。经过几个月的努力，终于完成了书稿的写作工作。

作为长期在基层单位工作的党员，我了解基层党务工作开展的基本情况，也深知当前农村基层党务工作既简单又复杂。在本书编写过程中，我反复重温了党和国家的相关法律法规和最新文件，并坚持问题导向，问需于群众，问计于群众，带着问题思考和梳理，希望能最大程度回应农业农村和农民需求，给农村基层党员和党务工作者提供一本既通俗易懂，又能解决实际问题的工具书、参考书。同时，也是把自己这么多年对党务工作的理解分享给广大农民群众和农村基层党务工作者，希望对他们有所帮助。

本书很多案例来源于中国共产党新闻网、共产党员网等网站，在编撰过程中做了重新整理编辑，在此一并感谢，并声明尊重相关网站和期刊的版权要求。

本书在编写出版过程中，有赖广东人民出版社编辑同志们的辛苦付出。华南师范大学的胡国胜教授对本书提供了指导和建议，在此一并感谢！由于时间仓促，加之作者能力水平有限，书稿还存在诸多不足之处，如有错漏，敬请读者不吝批评指正！

王喜凤

2023年1月